高质量陪伴

THE POWER OF SHOWING UP

How Parental Presence
Shapes Who Our
Kids Become and
How Their
Brains Get Wired

如何培养孩子的安全型依恋

［美］

丹尼尔·J. 西格尔
Daniel J. Siegel

蒂娜·佩恩·布莱森
Tina Payne Bryson

——

著

姜帆 译

U0125675

机械工业出版社
China Machine Press

图书在版编目（CIP）数据

高质量陪伴：如何培养孩子的安全型依恋/（美）丹尼尔·J.西格尔（Daniel J. Siegel），（美）蒂娜·佩恩·布莱森（Tina Payne Bryson）著；姜帆译 .-- 北京：机械工业出版社，2022.8

书名原文：The Power of Showing Up: How Parental Presence Shapes Who Our Kids Become and How Their Brains Get Wired

ISBN 978-7-111-71079-0

I.①高… II.①丹… ②蒂… ③姜… III.①家庭教育 IV.①G78

中国版本图书馆 CIP 数据核字（2022）第 120425 号

北京市版权局著作权合同登记 图字：01-2022-1448 号。

高质量陪伴：如何培养孩子的安全型依恋

出版发行：机械工业出版社（北京市西城区百万庄大街 22 号　邮政编码：100037）

责任编辑：邹慧颖　　　　　　　　　　　责任校对：付方敏

印　　刷：河北宝昌佳彩印刷有限公司　　版　　次：2022 年 11 月第 1 版第 1 次印刷

开　　本：170mm×230mm　1/16　　　　印　　张：14.5

书　　号：ISBN 978-7-111-71079-0　　　定　　价：69.00 元

客服电话：（010）88361066　68326294

丹尼尔：献给亚历克斯和马蒂。即使已经在外闯荡世界，他们依然激励着我以父亲的身份陪伴他们，在人生的旅途上继续携手同行；我也想对卡罗琳表达谢意，感谢我们能一直陪伴在彼此身边。谢谢你们所有人。

蒂娜：献给一直陪伴我的斯科特，也献给三个"依恋我的小家伙"——本、卢克和 JP。愿你们在陪伴他人，以及被人陪伴的过程中找到快乐与深刻的意义。

蒂娜和丹尼尔：谨以本书献给世界上所有的父母和孩子——你们是我们未来的希望，唯有通过你们，我们才得以陪伴整个世界。

如果明天我们不在一起……有一件事你务必一直记在心上。你比你想象中的更勇敢，比看上去更坚强，比你认为的更聪明。但最重要的一点是，即使我们不得不分离……我也会一直陪伴着你。

——克里斯托弗·罗宾对小熊维尼说的话，

《小熊维尼：寻找克里斯托弗·罗宾》(*Pooh's Grand Adventure*)

The power of showing up

目录

欢迎词 │1

什么是陪伴 │3

何谓陪伴：四个"S" │6

四个"S"简介 │9

安全型依恋：最终目标 │14

弄清自己的故事 │19

无论你是哪种父母，这本书都是为你而写的 │21

为什么有的父母能陪伴孩子，有的却不能

依恋科学简介 │25

基础的依恋科学：对为人父母的你来说，依恋有何意义 │28

依恋科学与陌生情境实验 │30

童年依恋模式与我们育儿方式的关系 │36

安全型和自由型依恋 ┊ 37

回避型和忽视型依恋 ┊ 39

矛盾型和痴迷型依恋 ┊ 46

混乱型和未确定型依恋 ┊ 50

心怀希望的理由：获得性安全型依恋 ┊ 57

不只是头盔和护膝

帮助孩子感到安全 ┊ 67

安全：威胁的反面 ┊ 70

在提供安全感时，父母的两项主要任务 ┊ 74

还有哪些做法是对孩子保护不周 ┊ 81

过度保护并非解决之道 ┊ 83

你能做什么：提高孩子安全感的策略 ┊ 89

　　策略1：首先，不要伤害孩子 ┊ 89

　　策略2：修复，修复，修复 ┊ 91

　　策略3：帮助孩子在避风港里感觉舒适 ┊ 94

陪伴自己 ┊ 96

了解的价值

帮助孩子感到被看见 ┊ 101

内观 ┊ 106

如果孩子没有被看见，那会发生什么 ┊ 111

欢迎孩子真实而完整的自我 ┊ 117

要看见，不要羞辱 ┊ 120

你能做什么：帮助孩子感到被看见的策略 ┊ 125

　　策略1：让好奇心引导你深入探索 ┊ 125

　　策略2：创造空间与时间来观察和了解孩子 ┊ 131

陪伴自己 ┊134

陪伴让我们合而为一
帮助孩子感到安慰 ┊139

目标：走向内在安慰 ┊144

安慰与绿色区域 ┊148

安慰：感受是重中之重 ┊153

如果孩子不能得到安慰，会发生什么 ┊156

安慰不同于溺爱 ┊159

你能做什么：帮助孩子学会自我安慰的策略 ┊164

　　策略1：制造保持平静的内在工具箱 ┊164

　　策略2：提供P-E-A-C-E ┊171

陪伴自己 ┊177

将所有"S"合在一起
帮助孩子产生保障感 ┊181

安全基地：避风港与发射台 ┊190

安全基地能带来力量，不会带来理所当然的权利感 ┊193

积极的压力、可容忍的压力，以及有害的压力 ┊197

你能做什么：为孩子建立安全基地的策略 ┊200

　　策略1：为你们的信任关系"投资" ┊200

　　策略2：教授内观技巧 ┊205

陪伴自己 ┊210

结论　从游乐场到大学宿舍
展望未来 ┊213

致谢 ┊221

欢迎词

在我们最近出版的一本书《如何让孩子自觉又主动》(*The Yes Brain*)中，我们回答了一个家长经常提出的问题：**在养育孩子的时候，我最应该培养的重要品质是什么？**在那本书中，我们讨论了父母在孩子身上应该培养的重要品质是什么，才能帮助他们长大成人，过上幸福、成功、有意义的人生，建立令人满意的人际关系。

你手中的这本书回答了另外一个问题，这个问题的重点不在于孩子的内在品质，而更多地在于父母养育孩子的方式：**为了帮助孩子在这个世界上取得成功、自在地生活，我能为他们做的最重要的一件事是什么？**请注意，这个问题的侧重点不在于你想在孩子身上培养的技能与能力，而在于你建立亲子关系的方式。

我们的答案很简单（却不一定容易做到）：陪伴孩子。

我们很高兴能解释我们所说的"陪伴"(showing up)是什么意思，并帮助你了解它的重要性。我们迫不及待地想要摒弃所有关于养育孩子的争论与争议，将育儿总结为一个最为重要的概念，这个概念关注的是如何帮助你的孩子幸福、健康地成长，让他们都能享受人生与人际关系，取得成功。我们一直尽量避免用简单的公式或所谓的"灵丹妙药"来提供"唯一正确"的育儿方法。事实上，育儿是复杂而富有挑战性的，大多数问题的答案都取决于孩子的年龄与发展阶段、整体情况、孩子的气质[⊖]，更不用说还得考虑你自己的性格了。

> 我们迫不及待地想要摒弃所有关于养育孩子的争论与争议，将育儿总结为一个最为重要的概念，这个概念关注的是如何帮助你的孩子幸福、健康地成长，让他们都能享受人生与人际关系，取得成功。

话虽如此，实际上所有育儿的问题和困境都可归结为亲子关系的问题，所以这是本书关注的重点。如果你了解我们的其他作品，如《全脑教养法》（*The Whole-Brain Child*）、《去情绪化管教》（*No-Drama Discipline*）以及《如何让孩子自觉又主动》，你会看到这本书在许多方面都与那三本书组成了一个整体，将各种有关"全脑"（whole-brain）的理念汇集在了一起，集中回答了"全脑到底是什么意思"这个问题。如果你还没读过其他书，本书也可以很好地介绍我们过去几年里的作品。

感谢你让我们有机会介绍陪伴的重要性。

丹尼尔和蒂娜

⊖ 先天、稳定的心理特征，可理解为性情。——译者注

1

什么是陪伴

The power of showing up

每当讨论育儿，我们总是反复传递一条信息：你不必表现得十全十美。没有人是完美的。世上没有十全十美的育儿之道。（我们在这里暂停一下，让你深深地松一口气。）所以，让我们举起一盒暖暖的、差点忘在小面包车里的果汁，为所有不完美的父母干上一杯吧。

在某种程度上，我们都知道这一点，但我们当中有许多人，尤其是有责任感、体贴、努力的父母，总会陷入焦虑与做得不够的感觉中。当然，我们会担心孩子和他们的安全，但我们也担心我们的育儿方式"不够好"。我们担心孩子不会成长为一个有责任感、有抗逆力、人际关系良好，或者 ____（请填空）的人。我们担心有时自己伤害了孩子，或让他们失望。我们担心自己没有给他们足够的关注，或者担心我们给了他们太多的关注。我们甚至担心我们担心得太多了！

这本书是为所有那些不完美的父母（也包括不完美的祖父母、老师、专业人士等照顾孩子的人）而写的，他们都非常关心自己的孩子。我们想传递一个充满安慰与希望的中心思想：在某个时刻，当你不确定该如何回应孩子的时候，请不要担心。有一件事是你能做的，这也是最好的一件事。与其忧心忡忡、试图达到一些根本不存在的完美标准，不如简单地陪伴孩子。

陪伴的意思与它的字面意思一样，就是陪在孩子的身边。这不仅要求你的人陪在孩子身边，还要求你为孩子提供高质量陪伴。你在满足孩子需求的时候，在向他们表达爱的时候，在和他们一起开怀大笑的时候，甚至在与他们争论的时候，都要提供高质量陪伴。你不必十全十美。你不需要阅读所有的育儿畅销书，也不需要让孩子参加所有有益的课外活动。你不必有一个忠实的帮手与你一同养育孩子。你甚至不需要知道自己究竟在做什么。只要陪伴就好。

陪伴意味着全身心地与孩子相处——动用你所有的注意力与觉知。当我们陪伴孩子的时候，我们的精神与情感都在那一刻与孩子在一起。从很多角度来看，没有比当下（此时此刻）更重要的时刻了，而你要负责学习如何陪伴，这种陪伴既能大大地增强你为人父母的自信，又能增强孩子的抗逆力与力量。这种活在当下的力量能让我们帮助孩子塑造充满能量的心灵（即使我们经常把事情搞砸）。

你可能会觉得陪伴孩子是一件很自然的事情，也可能觉得陪伴很难，这取决于你的成长经历，以及你小时候父母是怎么对待你的。你甚至可能在此刻意识到，不论在空间上，还是情感上，你都没有始终如一地陪伴孩子。在下面几页的内容里，我们会探讨如何成为你想成为的那种父母，并一直朝着那个方向努力（无论你自己的童年经历如何）。

当然，作为父母，我们都会做出或好或坏的决定，而在帮助孩子朝着最佳的方向发展这件事上，可供我们学习的技能有那么多。但是，当你开始认真看待育儿时，你会发现，养育孩子只是陪在孩子身边而已。我们很快就会解释，有关儿童发展的纵向研究清楚地表明，预测儿童成长的最佳指标之一（涉及幸福、社交与情绪发展、领导技能、有意义的关系，甚至学业与职业生涯成功的指标）就是他们是否有人陪伴，是否因此获得了安全感。在世界各地的文化中，这些研究为"如何做好父母"这个问题提供了一个普适的答案（尽管我们做不到完美）。

> 有关儿童发展的纵向研究清楚地表明，预测儿童成长的最佳指标之一（涉及幸福、社交与情绪发展、领导技能、有意义的关系，甚至学业与职业生涯成功的指标）就是他们是否有人陪伴，是否因此获得了安全感。在世界各地的文化中，这些研究为"如何做好父母"这个问题提供了一个普适的答案（尽管我们做不到完美）。

好消息是，我们可以整合这些实证研究的结果，并教给世界上所有不完美的父母。这就是本书的主题。

何谓陪伴：四个 "S"

当照料者用可靠（而不完美）的方式照顾孩子的时候，即使面临重大的逆境，孩子也能良好地成长。这种可靠的照料为你和孩子提供了一种健康且能为孩子赋予力量的关系，这种照料体现了我们所说的四个 "S"，帮助孩子感到：①**安全**（safe），他们感到自己受到保护，免受伤害；②**被看见**（seen），他们知道你关心他们，关注他们；③**被安慰**（soothed），他们知道你会在他们受伤的时候陪在他们身边；④**有保障感**（secure），有了其他三个 "S"，他们相信你一定会帮助他们在这世上感到 "自在"，然后他们也会学着帮助自己感到安全、被看见，以及被安慰。

我们与孩子之间的关系不可避免地会产生裂痕，但当我们为孩子提供这四个 "S"，为关系的裂痕做出弥补的时候，我们就帮助孩子创造了所谓的 "安全型依恋"（secure attachment），而这是健康成长所需的最关键因素。

安全

被看见

安慰

保障感

正如我们写的其他书一样，本书中展示的所有内容都有科学和研究的支持。我们很快就会解释，这些理念来自依恋的科学领域，而在过去的半个世纪里，该领域的研究者一直在进行着仔细的研究。如果你看过我们早期的作品，包括丹尼尔与玛丽·哈策尔（Mary Hartzell）合著的《由内而外的教养》(*Parenting from the Inside Out*)、本书两位作者的《全脑教养法》《去情绪化管教》以及《如何让孩子自觉又主动》，那么你在阅读下面几页内容的时候就会马上发现，本书通过深入阐释全脑育儿科学中的关键概念，拓展了我们之前所写过的内容。在本书中的一些地方，我们的观点甚至有了一些新的转变，因为我们对育儿与大脑的理解，以及对依恋科学总体的见解都在不断地演进。因此，熟悉我们作品的读者不仅会看到一些新的东西，也会有一种非常熟悉的感觉；既能找到熟悉的概念，又能对它们产生更丰富的理解。我们一直在努力把科学的信息变得平易近人，以便使首次接触这些理念的人也可以理解这些思想，将其运用到个人生活与育儿中去。

除了依恋科学，另一个支撑我们作品的主要科学框架是人际神经生物学

（interpersonal neurobiology，IPNB）。通过人际神经生物学的方法，我们把多个领域的科学结合在一起，形成了一个关于何谓"心理与精神健康"的观点。人际神经生物学研究的是我们的心理（包括我们的感受与想法、注意力与觉知）、大脑，以及整个身体，如何在人际关系之中、在我们与世界的关系之中互相深刻地彼此影响，从而塑造了现在的我们。人际神经生物学的领域内有数十本专业的教科书（现在已经超过了 70 本），这些书探讨了精神健康与人类发展的科学。在人际神经生物学涉及的研究领域里，就有依恋与大脑研究，其中包括大脑如何对经验做出相应的改变，而这种现象就叫作"神经可塑性"（neuroplasticity）。

神经可塑性揭示了大脑的物理结构如何适应新的经验与信息，如何重组自身，并根据人的所见、所闻、所触、所思、所为等创造新的神经通路。任何我们关注的事物，任何在我们的经历与互动中凸显的事物，都会在大脑中创造新的连接。不论我们关注什么，神经元都会被激活。每当神经元被激活时，它们就会形成通路，或者说连接在一起。

一同激活的神经元
会连接在一起

这一切与陪伴有什么关系？是这样的，在孩子的生活中，你可靠的陪伴能显著地影响孩子大脑的物理结构与神经连接，为他们创造有关世界运行规律的心理模型与预期。心理模型是大脑对于许多重复经历的概括总结。这样的心理模型是由过去经历所构成的，决定了我们当下的体验。心理模型塑造了我们的预期，有时甚至塑造了我们未来的互动方式。心理模型是在依恋与记忆的神经网络结构中形成的。

不夸张地说，你为孩子提供的关系体验会塑造孩子大脑的物理结构。大脑中的神经连接又会反过来影响孩子的心理。换句话说，如果父母始终如一地陪伴孩子，孩子就会对世界形成一种积极的期待，即世界是一个可以理解的地方，他们可以与世界进行有意义的互动（即使在困境与痛苦之中也是如此），因为你为他们提供的体验塑造了他们大脑加工信息的方式。大脑会根据以前发生的事情来预测事情的走向。也就是说，你的孩子会根据以往的经验，预测接下来会发生什么。所以，如果你现在好好陪伴他们，他们就会对互动形成积极的期待——期待与他人、与自己积极地互动。在顺境和逆境中，通过与我们——他们的父母互动，孩子会逐渐了解自己是谁，自己能够成为什么人，应该成为什么人。因此，陪伴能为孩子创造走向自我成长、坚毅、力量与抗逆力的神经通路。

> 如果父母始终如一地陪伴孩子，孩子就会对世界形成一种积极的期待，即世界是一个可以理解的地方，他们可以与世界进行有意义的互动（即使在困境与痛苦之中也是如此）。因此，陪伴能为孩子创造走向自我成长、坚毅、力量与抗逆力的神经通路。

陪伴不仅能让孩子更幸福、更满足，还能让他们在情绪健康上、人际关系上，甚至学业上更成功。这样一来，在事情不如意的时候，孩子就能更好地平衡情绪、妥善处事，育儿工作也就容易得多了。

四个 "S" 简介

我们将在接下来的章节中详细介绍这四个 "S"，但在那之前，先让我们来快速了解一下它们的内容。这四个 "S" 有时是相互联系、相互重叠的，因为当孩子感到安全、被看见、被安慰时，他们就会对照料者形成有保障感的安全型依恋。所有关心孩子的父母都希望在孩子的生活中创造这样的安全型依恋。安全型依恋关系能让孩子自在地生活在这个世界上，成为一个真实而自知的个体，与他人自如地互动。孩子会用我们所说的 **"开放式大脑"** （Yes Brain）来看待世界，以开放、好奇和接纳的姿态迎接新的机遇与挑战，而不会变得僵化、恐惧、反应过度。他的"全脑"会发展得更好，也就是说，即使遇到困难，他也能动用更复杂的大脑功能，以安全的姿态回应世界，表现出更平衡的情绪，也表现出更强的抗逆力、洞察力和共情能力。这就是我们所说的"全脑儿童"。这样的孩子不仅更幸福，还更善于社交，这意味着他们能更好地与人相处、合作解决问题、考虑行为的后果、顾及他人的感受，等等。简而言之，安全型依恋的孩子不仅更幸福、更满足，对其他人来说，他们也更容易照料和相处。

我们以第一个"S"为例。要想让孩子产生保障感，就必须让他们感到安全。当孩子感觉自己的身体、情绪和关系都受到保护的时候，他们就会感到安全。这是迈向安全型依恋的第一步，因为父母的首要任务就是保证孩子的安全。孩子既需要感到安全，也需要知道自己是安全的。他们必须相信父母能保护他们免受身体伤害，同时也需要相信父母能保护他们的情绪，维护亲子关系。这不意味着父母不能犯错，或者不能有伤害孩子感受的言行。我们都会做这样的事情，次数比我们想象的多得多。但是，当我们伤害了孩子，或者孩子给我们惹了麻烦的时候，我们需要尽快地修复关系的裂痕。

只有这样他们才会知道，即使犯了错误，说了难听的话，我们依然爱着彼此，想要修复关系。只有不断传达这样的信息，才能让孩子产生安全感。请记住，关键就是修复，修复，再修复。没有所谓完美的育儿之道。

四个"S"中的第二个"S"侧重于帮助孩子感到被看见。育儿很重要的一部分就是要陪在孩子身边：我们要去看他们的表演，花时间相处，一起玩耍，一起读书，还要一起做很多事情。是的，"高质量陪伴"的确很重要，这是毋庸置疑的。但是，看见孩子不仅意味着陪在他们身边，还意味着要理解他们的内心，真正地将我们的注意力放在他们的内心感受、想法和记忆上，无论他们的行为背后有什么想法。真正地看见孩子意味着我们关注他们的情绪，无论是积极情绪还是消极情绪。不是每天中的每一秒都要这样做，没人能做到这一点。但总体而言，我们要在他们体验快乐与胜利时与他们一同庆祝，当他们经历生活中在所难免的伤痛时与他们一起伤心。我们要与他们的内心世界产生共鸣。这样才能在情感上和关系上陪伴孩子，才能在孩子身边给予支持、教会他们何谓关爱他人。只有这样，孩子才能感觉到被我们理解了，才能感觉到我们清楚他们内心的感受，而不是只会观察他们外在的行为。如果他们相信我们会陪伴他们（尽管我们的陪伴是不完美的，而且我们可能不会每次都给予陪伴），他们就能形成那种能产生深深的保障感的心理模型。

研究表明，如果我们能看到孩子的心灵，他们也会学着看见自己的心灵。我们将这种能力称为"内观"（mindsight）——我们很快就会讨论这个主题。这种能力是情绪智力与社会性智力的核心。好消息是，即使你在自己的生活中缺乏内观，你在成年后依然可以培养这种能力，然后与孩子进行心灵的对话（我们会教你怎么做），这样孩子就能学会你小时候从没有机会学到的东西。这是一份珍贵的礼物，能重新引导你的家庭互动方式朝好的方向发展。

○ 在本书作者的其他中文版译作里，也被译为"第七感"。——译者注

"看见"的等式

如果孩子感到你看见了他，并且通过这种内观的联结学会了理解自己的内心，他也能很好地理解他人。拥有了这种被看见的体验，再加上安全的体验，孩子就能过上有保障感、有意义、充满欢乐的人生。

除了感到安全和被看见以外，我们还希望孩子在最艰难的时刻能感受到安慰。这并不意味着我们要把他们从所有的痛苦和不适中解救出来——根本不是这个意思。毫无疑问，艰难的时刻往往也是孩子学习和成长最快的时刻。我们必须允许孩子与朋友、老师和其他人发生冲突，去体验与他们的年龄和发展阶段相符的困境。换言之，安慰孩子不是要帮他们摆脱生活的海洋中不可避免的风浪，而是要教他们在风浪中学会乘风破浪，并且在他们需要的时候陪伴在他们身边。至于我们是否会在困难时期陪伴他们，我们不应让他们有丝毫怀疑。我们应该让孩子在内心深处知道，在他们受伤的时候，在他们最艰难的时候，我们都会陪伴他们。我们必须让他们知道，生活必然伴随着痛苦，但同时，我们应该让他们坚信自己不会独自承受痛苦。

> 我们应该让孩子在内心深处知道，在他们受伤的时候，在他们最艰难的时候，我们都会陪伴他们。我们必须让他们知道，生活必然伴随着痛苦，但同时，我们应该让他们坚信自己不会独自承受痛苦。

有了安全、被看见、被安慰的感觉，就会产生第四个"S"——保障感。保障感建立在稳定和可预测的感觉基础上。再次强调，保障感与完美主义无关。没有人能在育儿时不犯错误。相反，保障感是指要让孩子知道他们可以依靠你，你会一次又一次地在需要的时候陪伴他们。如果他们相信你会尽你所能地保护他们的安全，相信每次来找你的时候，你都会努力帮助他们感到被看见，相信每当事情不如意的时候，你都会在身边安慰他们，他们就会产生有保障的感觉。从神经生物学的角度来看，这四个"S"能带来一个整合的大脑：一个具有抗逆力而不会长期处于压力之中的神经系统。这样一来，孩子在生活中就会持有这样的假设：他们是安全的，他们生活中的爱和关系会一直存在、始终如一，而他们可以应对生活中那些不可避免的困境。于是，他们便能在这个世界上感到安全无虞、从容自在。

安全型依恋：最终目标

你现在能理解陪伴的力量了，陪伴能让孩子始终感到安全、被看见、被安慰、有保障感。但需要明确的是，陪伴并非育儿的目标。实际上，它是你取得理想结果的途径。真正的目标是所谓的安全型依恋。这才是我们想给孩子的东西。在我们能为孩子所做的事情里，再也没有比这更重要的了。安全型依恋能让孩子的一生过得更满意、更幸福。此外，安全型依恋还有助于他们完善身份认同感，建立高质量的人际关系，在学业与职业上取得成功，甚至还能让他们的大脑得到最好的发展。

让我们说得再具体一些。无数的研究证明，拥有安全型依恋的孩子更有可能获得诸多的好处，详见图 1-1。

安全型依恋的益处

- 自尊水平更高

- 情绪调节能力更强

- 在学业上更成功

- 更善于应对压力

- 与幼儿园的同学有更多的积极互动

- 在童年中期拥有更亲密的友谊

- 青春期时拥有更有效的社会互动

- 更幸福、与父母的关系更好

- 领导力更强

- 自我能动性更强

- 更愿意相信他人，在成年后的恋爱关系中不带敌意

- 共情能力更强

- 总体的社会能力更强

- 对生活的信任感更强

图 1-1

请花一些时间来看看这张图。这些益处在很大程度上决定了我们为什么要把安全型依恋作为育儿的最终目标。简而言之，如果孩子对照料者形成了安全型依恋，他们就更有可能茁壮成长，无论是在学校，在人际关系里，还是在人

生中。

如何才能培养孩子的安全型依恋？没错，答案就是陪伴。科学研究一再表明，孩子成长结果（多种衡量指标下的结果）的最佳预测因素之一是，在生活中至少拥有一个能与他们产生情感共鸣，能给予身心陪伴的人——简而言之，就是我们所说的，有人"陪伴"他们。就是这么简单（再次强调，这并没那么容易做到）：为了让孩子健康地成长、最好地发展，你所要做的就是帮助他们感到安全、被看见、被安慰、有保障感。要做到这一点，你只需要陪伴他们，用心地陪伴他们，这意味着接纳他们真实的模样，给他们安全、有保障感的体验。你可以把陪伴（showing up）看作第五个"S"，以便帮你想起另外四个。

安全型依恋之所以能带来这些积极的结果，有几个关键的原因。其中之一是，当你陪伴孩子的时候，他们会产生一种安全、有保障的整体感觉。他们对世界会产生一种归属感，所以即使事情不如意，他们也知道自己是好的、是安全的。

要理解这一点，有一种很好的思考方式：当孩子面临障碍与挫折时，安全型依恋能起到支持的作用。安全型依恋不会阻止孩子经历消极的事件，体验消极的情绪，毕竟生活少不了这些。他们会经受痛苦，还有失望、恼怒、不满等一系列消极情绪。作为父母，你的任务不是防止他们经历挫折与失败，而是给予他们度过生活中的风雨所需要的工具和情绪抗逆力，然后陪伴他们在风雨中同行。

> 作为父母，你的任务不是防止他们经历挫折与失败，而是给予他们度过生活中的风雨所需要的工具和情绪抗逆力，然后陪伴他们在风雨中同行。

因此，安全型依恋是一种情绪护具，就像滑板头盔一样。戴头盔不能防止安全事故的发生，但如果发生意外，它能带来截然不同的结果。

同样地，安全型依恋的孩子也无法避免经历成长过程中的痛苦与失望。如果朋友举办生日聚会而不邀请他，他可能依然会感觉被排斥了。等他长大一些，他可能依然会为初恋黯然神伤。但是，他有保护性的情绪护具，即使遇上了这些挑战，他也能用抗逆力来应对没被邀请参加聚会的失落，熬过心碎的痛苦，而不会永远失去坚实的自我意识。

安全型依恋能帮孩子顺利渡过难关，尤其是那些需要应对额外挑战的孩子，更能从安全型依恋中获益，比如那些有着创伤经历、环境压力、发展性问题、医疗问题、遗传性问题或者学习障碍的孩子。

> 安全型依恋能帮孩子顺利渡过难关，尤其是那些需要应对额外挑战的孩子，更能从安全型依恋中获益，比如那些有着创伤经历、环境压力、发展性问题、医疗问题、遗传性问题或者学习障碍的孩子。

没有安全型依恋

有安全型依恋作为情绪护具

有一个简单的事实：对于某些孩子来说，生活可能会格外艰难，他们可能会觉得自己像是在不停地蹬着自行车上陡坡。你可能无法消除重力或铲平山坡，但如果你能通过陪伴，不断地为他们提供四个"S"，你就至少能够调整坡度，让他们骑得不那么费劲。

对于有些孩子来说，生活格外艰难

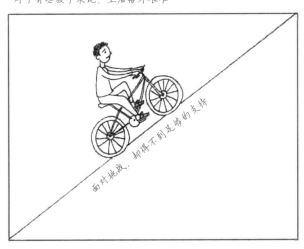

我们可以通过陪伴，让他们的生活变得更容易

面对挑战，拥有足够的支持

　　再次强调，这不是说你要清除孩子面临的挑战，而是在说，你可以用爱与陪伴，为孩子铺平道路，让他在克服障碍的时候更轻松一些。这样一来，孩子既能学着陪伴自己，又能找到健康的方式去依靠他人的支持。在遇到困境的时候，他内在的情绪抗逆力就能帮助他找到行动的方向。

　　同样的道理也适用于孩子需要做出艰难选择的情况。研究说得很清楚：有些看似是个人内在固有的技能（如自我觉察和情绪抗逆力），实际上形成于孩子的人际互动之中，形成于他们在成长中与照料者和其他人的关系之中。安全型依恋的孩子更善于调节自己的情绪，做出明智的决定。他们更善于考虑行为的后果和他人的观点，更善于用建设性的、有益的方式处事，而不会做出有害的、破坏性的事情。当然，这对孩子和父母来说都是一件轻松的事情，也让他们更容易建立良好的关系。

　　安全型依恋之所以能有如此强大的作用，还有最后一个原因：它为孩子提供了依恋理论研究者所说的"安全基地"，让孩子能在此基础之上去探索自己的世界。这个"安全基地"能让他们自由地走出去，去看远方的世界。作为父母，我们不仅要做孩子的"避风港"，还要做他们的"发射台"。我们会在后文详细

地解释这一点。最关键的一点是，有了安全型依恋，孩子就可以用"开放式大脑"的心态去接触这个世界。他们情绪平衡，有抗逆力、洞察力、共情能力。他们会在这个世界上感到安全而自在，能够自由地展现所有这些品质，而这一切都是因为他们在家中有一个"安全基地"。

> 安全型依恋的孩子更善于调节自己的情绪，做出明智的决定。他们更善于考虑行为的后果和他人的观点，更善于用建设性的、有益的方式处事，而不会做出有害的、破坏性的事情。当然，这对孩子和父母来说都是一件轻松的事情，也让他们更容易建立良好的关系。

弄清自己的故事

要为孩子提供这个"安全基地"，以及所有相关的一切，我们作为父母最好先弄清自己是谁，才能做好准备工作，也就是，要"自我觉察"，了解我们自身的成长经历，以及我们自己的童年如何塑造了我们的成长。请在心中记住这一点。本书的很大一部分将致力于帮助你理解自己的故事，弄清你从自己的照料者那里得到的依恋类型。父母能否陪伴孩子、给予孩子安全型依恋，最大的预测因素就是他们是否曾反思过自身的经历，以及他们从自己的照料者那里获得多大程度的四个"S"。

请注意，我们并没有说父母自身必须接受过良好的教养，才能为孩子提供安全型依恋。关于安全型依恋这一概念，科学给出了一个强有力的信息，一个充满希望而不是绝望的信息：即使我们没有从自己的照料者那里得到安全型依恋，**但只要我们能反思并理解我们自己的依恋史，就依然能给孩子提供这种依恋**。这真是激动人心的消息，而且得到了研究的证明！

我们想在这里强调一点：即使你没能从自己的父母那里得到慈爱、稳定的情感基础，你依然能给予孩子这些。

> 即使我们没有从自己的照料者那里得到安全型依恋，**但只要我们能反思并理解我们自己的依恋史，就依然能给孩子提供这种依恋。**

为此，本书的大部分内容都致力于帮助你尽可能地弄清你自己是如何被抚养长大的，以及你的依恋关系如何影响了你。如果你能对自己的过去形成我们所说的"连贯叙事"，那么你作为父母，就更能做到有意识、始终如一、有效地陪伴自己的孩子。因此，在下一章的开篇，以及在全书中，我们都会给你机会去探索自己在多大程度上能在生活中感到安全、被看见、被安慰、有保障感。随着你对自身经历的了解逐渐深化，你就能更好地为孩子提供四个"S"。这就意味着你能陪伴孩子——就像俗话所说的，尽早开始，常下功夫。

我们在此传达的主要信息是充满希望的。通过人际神经生物学、神经可塑性和依恋科学的最新研究，我们想强调一句鼓舞人心的宣言：过去不是我们的宿命。我们可以理解自己的过去，这样它就不会支配我们的现在和未来了。我们不必逃避过去，也不必被过去所奴役。请记住，你关注什么，相应的神经就会被激活，神经连接就会生长。要理解自己的生活，永远都不晚；这样做实际上能改变大脑神经的连接方式，因此不仅可以改变你与孩子的关系，还能改变你与自己的关系。

你可以把这个过程想象成一连串事件。反过来说，这个过程是这样的：育儿的最终目标是让孩子形成安全型依恋；这个结果是陪伴和提供四个"S"所带来的；要做到这一点，我们就需要理解自己的故事，了解我们的关系史和依恋史。所以，这就是一切的开端：了解我们从自己的照料者那里得到的依恋类型。因此，这一连串事件是这样联系在一起的，见图1-2。

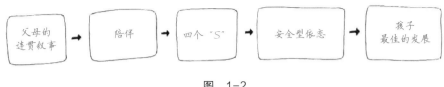

图 1-2

我们主要关注的是亲子之间的关系模式，但我们想在开头强调一点：我们在接下来的章节里讨论的所有理念适用于所有的关系。如果我们能陪伴那些我们关心的人，我们的关系就会变得更好，大脑也会更健康、整合得更好，而我们的人生也会更有意义。

无论你是哪种父母，这本书都是为你而写的

和我们之前的书（《全脑教养法》《去情绪化管教》以及《如何让孩子自觉又主动》）一样，本书的重点在于孩子的大脑，以及为你提供新的方法来思考如何最好地培养孩子发展中的心智。有的父母可能会从不同的角度来看待这个问题，我们在写作本书的时候，就想到了四种不同类型的父母。

第一类父母总是纠结并担心自己应该做得更好，成为更好的父母。他们为自己犯下的错误以及让孩子错失的机会而苦恼不已。他们被自己强加的无数"应该"压得不堪重负，有时他们会满心悔恨（"我当初应该教孩子西班牙语"或"我当初不应该错过第14届少年棒球联盟的第一场比赛"），有时他们会为未来担忧（"我应该多带女儿去收容所做志愿者，这样她长大后就不会是个被宠坏的小公主了"或"我在开车的时候应该多教教儿子何谓共情，这样他长大后就会成为一个更善良的人"）。最糟的是，如果这类父母在育儿时犯了错误，他们就会惩罚自己，不断地告诉自己"我应该做得更好"。

听起来是不是很熟悉？如果你也是这样的父母，那么我们想向你表达安慰：你做得很好。你陪伴了孩子，这才是最重要的。你不需要做到完美，那不可能。我们一辈子都要不断学习。只要陪在孩子身边就好。爱他们。利用管教的时机

来教授和培养他们的技能。为他们树立善良、尊重和自我照料的榜样。如果你错失了沟通感情的机会或者犯了其他错误，道歉就好。他们不需要你为他们提供所有的有利条件，他们也不需要超级家长。他们只需要你——真实的、有缺陷的、全身心陪伴着他们的你。如果你是这样的父母，我们建议你放轻松一些。

> 你做得很好。你陪伴了孩子，这才是最重要的。你不需要做到完美，那不可能。我们一辈子都要不断学习。只要陪在孩子身边就好。爱他们。利用管教的时机来教授和培养他们的技能。为他们树立善良、尊重和自我照料的榜样。如果你错失了沟通感情的机会或者犯了其他错误，道歉就好。他们不需要你为他们提供所有的有利条件，他们也不需要超级家长。他们只需要你——真实的、有缺陷的、全身心陪伴着他们的你。

有些孩子身陷困境，倾向于用行为来发泄情绪，或者处于成长危机之中。对于这些孩子的父母，我们也有话对他们说。这些父母只想知道如何与孩子相处，如何应对每天面临的巨大挑战。如果你正面临着类似的问题，那么你就是我们想到的第二类父母，本书将帮你意识到，你需要为孩子做的最基本、最重要的事情是什么。就像我们的其他书一样，我们会提供具体、实用的策略，来帮助那些迫切需要关爱和支持的孩子。

第三类父母是刚刚或即将成为父母的人，他们一想到要引导孩子度过童年和青春期，就会感到不知所措。如果你属于这一类别，我们讨论的清晰、实用的理论与策略，不仅能帮你形成初次育儿的整体理念，还会为你提供具体、准确的行动步骤，帮你用慈爱、主动的方式与孩子互动。你甚至可以把本书看作育儿的初学者指南，在这场新鲜而令人兴奋（但也常常让人感到害怕）的旅途中，它能帮助你关注那些最重要的东西。

最后一类，我们要特别指出的父母是，在生活中陪伴孩子越来越少的父母，这类父母的数量正在增加。有时这是由加班和现代家庭的诸多要求所导致的。此外，随着电子设备占用了我们越来越多的时间，父母原本应该给予孩子的关注也越来越多地被这些设备所占据，这大大减少了亲子互动的机会。

我们呼吁陪伴孩子，就是要改变这样的现象，而且不带评判，也不带指责或羞辱。现实是显而易见的：我们生活在一个充满电子设备的世界，事实如此，不可改变。电子设备是我们的世界中不可或缺且对人颇有助益的一部分，它们提供了我们所有人都能依靠和享受的巨大好处。我们并没有要争论世界上该不该有电子设备。（此时此刻，你们当中的许多人正在某种设备屏幕上阅读本书，我们对此没有任何异议！）但我们担心的是，这些设备会妨碍父母在孩子的生活中给予陪伴。如果父母在孩子身边，却心不在焉，这就会带来问题——这不是真正的陪伴。因此，我们会在后文中提供一些具体的方法，让你得以采取现实而主动的方法来花时间与孩子相处。

无论你属于上述哪类父母，我们都希望能在你寻找成为理想父母的方法的过程中，为你提供希望与指导，从而帮助你的孩子长大成人，过上丰富多彩、充满意义的生活，建立良好的人际关系。

值得一提的是，虽然我们一直在谈论父母，但我们非常清楚，现在有很多祖父母或其他照料者也在协助抚养孩子。我们在本书中所说的一切也适用于这些关系。此外，我们对那些支持父母等照料者的教育、医疗工作者怀有崇高的敬意，我们时刻将他们牢记于心，也为他们提供了能够指导他们工作的原则、观点，以及他们可以为前来求助的、陷入困境的父母推荐的各项资源。

无论你是谁，无论你选择本书的原因是什么，我们都很感激你让我们参与你的旅途，与你一同努力改善你挚爱的孩子的生活。仅仅是阅读这些文字，你就在陪伴方面有了巨大的进步。陪伴就是问题的关键。

为什么有的父母能
陪伴孩子，有的却不能

依恋科学简介

The power of showing up

什么样的父母才是好父母？

对于这个问题，人们众说纷纭。有些人会关注父母与他们父母的关系；有些人则关注父母的知识水平，尤其是育儿理念方面的知识水平。还有些人会强调父母的宗教背景，或者他们的道德和伦理水平，或者他们是否在努力做到始终如一、善良、耐心，等等。

所有这些因素必然会影响我们的育儿方式。我们在第 1 章已经解释过，数十年的严谨研究为这个问题提供了一个具体的答案，这个答案充满了希望。如果我们想知道孩子为什么能在生活中（情绪、关系、社会能力、教育等方面）茁壮成长，我们可以看看他们是否拥有至少一名始终陪伴他们的照料者，他们是否与这位照料者形成了安全型依恋。至于照料者能否提供这种安全型依恋，最好的预测因素就是他们能否做到我们所说的"亲职临在"⊖（parental presence）。能够做到这一点的父母，都曾反思并理解了自己的过去和依恋史。即使过去的经历充满了挑战，理解自己的生活也能为父母赋能，让他们保持临在的开放、接纳意识，从而使他们能够给予孩子稳定而可靠的陪伴。

怎样才能帮助孩子取得意义深刻而长久的成功？

让孩子与照料者形成安全型依恋。

那我们怎样才能建立安全型依恋？

首先，对自身的早期生活经历形成连贯的叙事。

用尽量简单的语言重申一下，如果父母能给予陪伴，孩子最有可能长成有抗逆力、关爱他人、坚强的人。我们不必完美无缺，但我们是否陪伴孩子及陪伴的方式会影响孩子成为什么样的人，影响他们的大脑形成的连接。

当然，还有其他一些我们无法改变的因素也会影响孩子的发展，例如随机事件、与生俱来的气质特征、遗传的弱点等。但是，至于我们能做些什么来促

⊖ 即承担父母的职责，保持开放的觉察，与孩子在此刻共处。——译者注

进孩子的成长，研究的结论却很明确。能够陪伴孩子的父母，往往能够理解自身的生活经历，将经历形成了"连贯叙事"，也能给予孩子由内而外的陪伴，即亲职临在。从内在角度看，我们能逐渐理解过去如何影响了我们在当下的表现，从而解放我们，让我们能够成为现在及未来想要成为的样子。从外在角度看，我们会学着如何保持开放、接纳的意识，做到亲职临在，这样我们的孩子就能感到我们的共鸣、理解，与我们紧密地联结在一起。请理解和做到"临在"，这就是陪伴的全部意义。我们将从这一点着手，帮助你思考你对自己与父母的经历有多少了解，以及你可以如何在孩子的生活中做到临在。

你自身的童年经历如何影响了你的成长，进而在多大程度上预测并影响了你与孩子的互动？对于这些问题，你有多少反思？在你看来，你早年的家庭生活如何影响了你的大脑发育？无论是直接地影响你大脑发育，还是让你不得不学着适应挑战，甚至必须在困境中求生，这些经历都会让你的大脑产生相应的变化。

> 你自身的童年经历如何影响了你的成长，进而在多大程度上预测并影响了你与孩子的互动？对于这些问题，你有多少反思？

好消息是，只要你愿意付出努力，科学就能告诉你如何理解自身的依恋史。更重要的是，即使你没有得到理想的教养（无论是由于父母的缺位、盲点、虐待，还是其他原因），你的依恋策略都不是一成不变的。过去不是我们的宿命。

> 过去不是我们的宿命。通过理解自身的经历，你能成为你想要成为的父母——无论你受到了什么样的教养。

无论是你的父母没能给予你陪伴，还是只能偶尔陪伴你，或甚至是常常做出可怕、伤害你的事情，都不意味着你不能用健康而有建设性的方式来陪伴孩子。但是，在这种情况下，你的确需要做些工作，来反思自身的依恋史，并明确你想为孩子提供什么样的依恋。实际上，你可以选择如何陪伴孩子，而且，你可以通过审视并理解自身的经历，来培养自己的陪伴能力。

基础的依恋科学：对为人父母的你来说，依恋有何意义

我们首先来介绍一下依恋科学的基础知识。如果你了解我们的其他作品，那你已经接触了一些基础知识。在本书的其余部分，我们会讨论那些要点，并补充我们之前的观点。随着新的信息（来自进化论、遗传学、表观遗传学等领域的信息）不断地为依恋科学的基本原理提供支持，这个领域在不断地扩张。我们将在后文介绍依恋科学中思考自我和关系的新方法，并将这些信息应用于我们在上一章所探讨过的概念上。我们认为你和我们一样，会觉得这些内容很有意思，并且我们希望这些信息能帮助你理解自身的经历，既包括你与你父母的经历，也包括你与孩子的经历。

在过去的几十年里，我们从依恋科学领域内获得的知识深刻地影响了我们理解育儿与儿童发展的方式。丹尼尔（本书作者之一）从美国精神卫生研究所那里得到了一笔科研培训经费，专门从事依恋的研究，从那之后，他又在加州大学洛杉矶分校担任了儿童与青少年精神病学的临床培训项目主任；蒂娜（本书另一作者）在攻读博士学位期间和之后的研究中，一直专注于从人际神经生物学的角度研究依恋科学及其实际应用。这个领域的科研成果既丰富又可靠，对于如何在多种不同的文化背景和家庭情境中应用这些成果，促进孩子的成长，科学研究给出了很有益的启示。值得庆幸的是，这些信息在今天已经不像过去几年那样让人感到陌生了。

简而言之，在很小的时候就与父母形成牢固情感纽带（安全型依恋）的孩子，会过上更幸福、更充实的人生。如果父母能对孩子的需要做出回应，并提供始终如一的安慰（比如在孩子哭泣时把他们抱起来，在他们难过时拥抱并抚

慰他们），他们之间就能产生这样的依恋。如果孩子能得到这样可靠的照料、稳定的联结，他们就能自由地学习和发展，不需要花费注意力或精力在危险中求生，也不必保持高度警惕，留意环境或照料者的细微变化。

对于情感联结，我们都有着与生俱来的渴望。如果我们能建立可靠的联结，并且在关系出现裂痕时予以修复，那么大脑就能以最佳的方式成长。如果孩子能与主要照料者形成安全型依恋，那么这种可以预测因而可靠的体验就能减轻他们的压力，让他们产生信心，最终学会依靠自我。他们能学会管理自己的感受与行为，茁壮成长。

> 如果孩子能与主要照料者形成安全型依恋，那么这种可以预测因而可靠的体验就能减轻他们的压力，让他们产生信心，最终学会依靠自我。他们能学会管理自己的感受与行为，茁壮成长。

我们知道这听起来可能很不可思议，但这的确是惊人的事实：通过与依恋对象的情感联结，我们会学着成为自己，甚至逐渐认识自己。有一些体验，你可能认为是个人的、内在的、隐秘的，比如感受并调节自己的情绪，或唤起对于某些事件的记忆，但它们其实都是从你与生活中的重要他人的社会关系中发展而来的。我们在很大程度上是社会性的生物，而我们的人际联结塑造了我们体内的神经连接。这种人际因素塑造了内在人格因素，儿童的心智也随之产生了相应的发展。（我们稍后再详细讨论这个话题。）这就是为什么安全型依恋能对健康的发展产生如此重大的影响。

相反，如果没有安全型依恋，孩子就会缺乏那些关键的经验与技能，这使他们更有可能面临各种各样的问题：攻击性强、叛逆、多动、语言发展较差、执行功能较弱，甚至在面临贫穷、家庭不稳定、父母压力与抑郁等系统性问题时，抗逆力也更弱。

看起来很合理，不是吗？那些感受过爱与支持的孩子，那些能够依靠父母给予身体上与情感上的陪伴的孩子，会过上更好的生活。事实上，即使父母中一方做不到陪伴，而另一位照料者能提供孩子所需的稳定感和可预测感，孩子也会从安全型依恋中获得许多益处。

这一基本事实背后的科学道理非常有趣，也相当简单。我们想向你介绍一些基本的科学知识，让你看到理解自己，以及你与孩子的互动能带来多么强大的影响。首先我们来看一项开创性的研究，这项研究提出了一种理解儿童发展的新方法。顺便说一下，如果你有兴趣深入了解我们在这儿讨论的科学，可以看看丹尼尔的著作《心智成长之谜：人际关系与大脑的互动如何塑造了我们》（*The Developing Mind: How Relationships and the Brain Interact to Shape Who We Are*）。那本书已经出到了第三版，该书回顾了数千项支持上述观点的科学研究，以及其他我们将在本书中借鉴的研究成果。

在继续阐述之前，我们还想提示一点：我们会尽量让下面的解释尽可能地清晰简洁（并且始终忠于科学），这样任何外行人都能理解。如果你想深入了解依恋科学的基础知识，我们鼓励你读完本章的剩余部分。然而，如果你对科研的细节不太感兴趣，可以直接跳到第 3 章，我们会在那里阐述此处讨论的所有问题的实际影响。

依恋科学与陌生情境实验

20 世纪 60 年代，科学家开发了一种有趣而又有启发性的测验，他们开始在孩子一岁生日的时候给孩子及其照料者做这项测验。在孩子一岁前的一整年里，受过训练的观察人员会进行数次家访，用标准化的评分量表来评估母婴之间的互动。然后，在一年结束的时候，每一对接受观察的母婴都会被带到一个房间里进行大约 20 分钟的实验。这项测验被称为"婴儿陌生情境"，因为该测验关注的是婴儿在与母亲分离后，留在一个"陌生情境"中会有什么样的表现——婴儿会独自待在陌生房间里，或者与陌生人共处。通过观察一岁婴儿在面对母亲离开房间的压力时会有什么反应，尤其是观察他们在母亲回来之后会有什么反应，研究者发现，他们可以了解到很多有关婴儿依恋系统的信息——婴儿与主要照料者的联结方式，以及他们如何将亲子关系当作"安全基地"。

这些研究在许多不同的文化背景下已经重复了成千上万次，我们发现评估关系的关键是重逢阶段：孩子与回来的母亲打招呼的方式，得到安慰后平静下来的难易程度，以及他们重新开始在房间里玩玩具的速度。（后来，研究者也对父亲做了同样的实验，总体结果也是一样的——所以我们可以说这项测验评估的是儿童与照料者的关系。）安全型依恋的婴儿（他们与母亲的关系是安全的）在母亲离开房间的时候会表现出明显的思念，当母亲回来的时候，会积极主动地与母亲打招呼，然后很快地平静下来，继续玩玩具、做游戏，见图 2-1。

> 安全型依恋的婴儿（他们与母亲的关系是安全的）在母亲
> 离开房间的时候会表现出明显的思念，当母亲回来的时候，会
> 积极主动地与母亲打招呼，然后很快地平静下来，继续玩玩具、
> 做游戏，见图 2-1。

不出所料，研究者发现，那些安全型依恋儿童的父母，在家访观察中都敏感地对婴儿寻求联结的请求给予了回应，这些父母能够读懂孩子发出的信号，始终如一地满足孩子的需求。换言之，这些照料者接收到了孩子的信号，明白了孩子的意思，理解了孩子的内在体验（孩子行为背后的心理活动），然后用可预测、及时、敏感而有效的方式做出了回应。

安全型依恋有多普遍？采用陌生情境实验范式的研究者一致发现，大约 2/3 的孩子与主要照料者建立了安全型依恋。他们的父母并不完美（不管完美到底是指什么），但这些父母总能在他们需要的时候陪伴他们，从而和他们建立了安全型依恋。

陌生情境——重逢：安全型依恋
回到安全基地

重新开始玩耍

图 2-1

　　另外 1/3 的孩子会表现出**与主要照料者之间的不安全型依恋**，而他们也可以分为三类。你在阅读下面的描述时，要记住一件事：这些是对于关系的分类，考察的是孩子如何适应那种关系，而不是对孩子本身的评估。

　　第一类不安全型依恋的孩子，在陌生情境下接受观察时，会表现出所谓的**回避型依恋**（avoidant attachment）。当母亲把他们单独留在房间里的时候，他们在大多数时候会专注地玩玩具。事实上，他们在母亲离开的时候，几乎没有表现出任何外在的痛苦或愤怒，当母亲回来时，他们会忽视甚至回避母亲，见图 2-2。

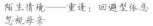

陌生情境——重逢：回避型依恋
忽视母亲

继续玩耍

图 2-2

　　正如你所猜想的一样，对回避型依恋儿童的家庭观察表明，似乎这些父母对孩子发出的信号和需求漠不关心或者不够敏感。他们会满足孩子的生理需求，为他们提供玩具和游戏活动，但忽视其情感需求。因此，即使孩子感到极度的生理痛苦，他们也会学着尽量减少对于依恋需求的外在表达。在这些孩子身上，让照料者体会他们的内在状态或情绪，并得到照料者安抚的需求，似乎变得极为"隐蔽"。换句话说，这些婴儿适应了基本人际关系需求得不到满足的情况。回避型依恋的儿童在与父母互动时，即便是痛苦的表现也会被忽视，因此孩子只能得出这样的结论：父母对他的痛苦不感兴趣，如果他不把难受的情绪表现出来，也许父母就能给他更好的回应，或者他就根本不会浪费自己的精力，体验沮丧的感觉。从本质上讲，这些孩子用所谓的回避行为适应了这样的关系——对于父母缺乏情感共鸣的现实，他们的回应方式就好像在说，他们根本不在乎母亲是否在房间里。

值得一提的是（如果你对此感到好奇），这种依恋策略只出现在与特定照料者的关系和互动中，并不影响孩子与其他照料者进行评估的情况。没错，孩子可以和父母中的一方建立回避型依恋，但依然能与另一个照料者建立安全型依恋，并享受随之而来的各项益处。

> 孩子可以和父母中的一方建立回避型依恋，但依然能与另一个照料者建立安全型依恋，并享受随之而来的各项益处。

第二类不安全型依恋的儿童属于所谓的**矛盾型依恋**（ambivalent attachment）。在这种情况下，父母既没有给予孩子始终如一的抚育和情感共鸣，也没有表现出始终如一的冷漠与不关心。相反，这些孩子的早年生活有一种显著的特征，那就是父母的表现是不一致的。他们的父母有时能与他们产生共鸣，给予敏感的回应，而有时则不然。因此，这样的依恋关系给孩子带来了极大的焦虑和矛盾，他们不知道是否应该相信父母。

例如，在陌生情境测验中，矛盾型依恋的婴儿在母亲离开和回来时都无法被安抚。他不会像安全型依恋的孩子那样重新开始玩玩具，而是会面带忧虑甚至绝望，紧紧地抓着母亲（见图2-3）。这似乎是一种缺乏信任的表现，即孩子觉得这种关系无法提供可靠的抚育和安慰，因此，即使是母亲的身体接触，也无法给孩子放松的感觉。

过去不一致的经历产生了内心的困惑感，而母亲的归来似乎激活了这种焦虑和不确定的状态。前面讨论的回避型依恋儿童不关注关系，通常只关注玩具，从而最大限度地减少依恋系统的激活以及对于联结的渴望；而矛盾型依恋的孩子则不敢将注意力从母亲身上移开，因为他害怕母亲可能会在他不注意的时候离开，这种行为可以被视为最大限度地增加依恋系统的激活。

陌生情境——重逢：矛盾型依恋
即使母亲抱着孩子，孩子依然很难被安抚

难以重新开始游戏

图 2-3

第三类也是最痛苦的不安全型依恋，就是**混乱型依恋**（disorganized attachment）。在母亲回到房间时，这样的孩子难以决定如何做出回应，因而表现出缺乏条理、混乱无序的行为。这些孩子可能会表现出害怕的样子，先是接近母亲，然后又退缩，倒在地板上无助地哭泣，最后陷入木僵的状态（见图2-4）。这样的孩子甚至会一边紧紧地抓住母亲，一边又试图远离母亲。

如果孩子发现，父母完全无法与他们产生情感共鸣，或者父母让他们感到害怕，或者父母自身有害怕的情绪（或者两种情况同时存在），就会产生混乱型依恋。他们与其他依恋类型（无论安全还是不安全）的孩子不同，那些孩子在回应或面对敏感的、疏远的，或是不一致的照料者时，会表现出稳定的行为规律，而这种类型的孩子很难形成任何一致或有效的方式来应对照料者带来的痛苦，他们的照料者总会时不时地让孩子感到恐惧。

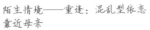

陌生情境——重逢：混乱型依恋
靠近母亲

不愿重建联结

图 2-4

童年依恋模式与我们育儿方式的关系

许多参与最早的陌生情境实验的孩子，都接受了长达 30 多年甚至更久的追踪研究。挺难以置信的，是吧？那些在婴儿期接受过研究的孩子现在已经成年，很多人都有了自己的孩子。这也就意味着，我们可以通过纵向追踪研究，观察这些被试的童年经历如何影响了他们成年后的关系偏好。研究发现让研究者兴致勃勃：尽管这些孩子在成长过程中受到了各种各样的影响，有过各种各样的经历，但即便是在成年之后，绝大多数人的依恋类型依然没有发生变化，无论是安全型、不安全－回避型、不安全－矛盾型还是不安全－混乱型，都是如此。至于那些发生了变化的人，通常他们的关系领域也发生了变化，而这种变化帮助他们理解了自己依恋类型的变化。

研究依恋的科学家为成人依恋模式命了名，它们的名称与其童年的依恋模式是对应的。在我们讨论这些依恋模式的时候，你可以看看哪种模式与你自身的经历最相似。请回想自己从童年开始的依恋史，想想你的依恋模式是如何随着你长大成人而发展变化的。你也可以利用这些信息来更好地理解你的伴侣和朋友。你也可以在为孩子选择保姆和其他照料者的时候考虑这方面的问题，如果你可以选择孩子的学校，你甚至可以在择校的时候考虑这一因素。

当你读到这些分类的时候，请牢记一个重要的事实：我们大多数人都在某种程度上具有多种依恋模式的特征。你可能会将自己的某些部分划分为一个类别，并且意识到你也符合另一类别模式的描述。人们通常不会完完全全地只属于一个类别。最有可能的情况是，你在阅读下面的描述时，会发现自己对某类依恋模式的认同超出了其他几种。

> 人们通常不会完完全全地只属于一个类别。最有可能的情况是，你在阅读下面的描述时，会发现自己对某类依恋模式的认同超出了其他几种。

安全型和自由型依恋

有些孩子很幸运，长大后能拥有良好的人际关系，受到同龄人的尊敬，发挥自己的智力潜能，并且能很好地调节自己的情绪。依恋领域的研究者将这种成年人的安全型依恋叫作**自由型依恋**（free attachment）。这些人从小就得到了父母始终如一的爱与关注，他们在长大成人之后，会拥有不受约束的、自我主导的自主感，让他们得以自由地审视与理解自己的过去，自由地在当下做自己，并且自由地追求自己未来的梦想和愿望。这样一来，这种对于依恋关系的适应模式就成了一个人学习情绪调节、思维、记忆和自我觉察的方式的基础，也成了他建立互惠型人际关系的能力的基础。其中的科学道理非常清楚：我们的情绪智力和社会性智力是通过依恋关系中的安全感发展而来的。

拥有安全型关系模式的儿童，他们对联结的要求得到了敏感的回应，当关系中出现不可避免的裂痕时，也会很快得到修复。照料者能感知、理解和回应他们的需求。他们的父母会陪伴他们。例如，四个月大的婴儿可能会哭泣。父亲一听见女儿哭了，就会放下手上的事情，把她抱起来，问道："饿了吗？"然后父亲会温柔地给女儿喂奶。

能与孩子产生情感共鸣的育儿方式会带来安全型依恋

父亲看到了女儿的求救信号，也做出了回应。他理解了女儿的需求，并及时、体贴地给予了有效的回应。如果孩子足够幸运，能拥有这样细心的父母，他们就会和父母产生联结感，并产生受到保护的感觉，尤其是在情感需求得到满足的时候，他们就会产生安全感，得到一个"安全基地"，而他们可以从这个基地出发去探索世界。

这样的孩子拥有了安全的依恋史，如此一来，他们能更顺利地生活，战胜生活的诸多挑战和失望，拥抱并享受那些美好的瞬间，这就不足为奇了。这样的成年人重视人际关系，善于沟通和理解他人，同时也能保持独立，满足自我的需求。他们在面对压力时会表现出抗逆力，能够调节自己的身心，理解自己的心理和行为。因此，当他们的孩子需要他们的时候，他们既愿意，也能够陪伴孩子，就像上面那位父亲为饥饿的四个月大的女儿所做的一样。

为了帮你记住我们在本章介绍过的诸多术语，我们会在书中设置一个表格（见表2-1），每当出现新术语时就添加进去。

表 2-1

儿童依恋模式	家长的育儿倾向	儿童的先天假设
安全型	安全型依恋模式：对婴儿寻求联结的要求保持敏感、理解的态度，并及时回应；能够读懂孩子发出的信息，始终满足孩子的需求。父母总能"陪伴"孩子	我的父（母）亲并不完美，但我知道我是安全的。如果我有了需求，他（她）会看见并迅速做出敏感的回应。我能相信其他人也会做到这一点。我的内在体验是真实的，值得表达和尊重
不安全－回避型		
不安全－矛盾型		
不安全－混乱型		

回避型和忽视型依恋

显然，不是每个人都会生在能够提供安全型依恋体验的家庭里。拥有三类不安全型依恋模式之一的孩子，在成长过程中通常会在某种程度上建立不健康的关系，其主要特征是混乱、僵化，或两种情况兼有。

拥有第一类不安全型依恋（即回避型依恋）的孩子，通常在长大后不仅难以与他人建立关系，也难以与自己的内心世界产生联结。他们往往对情绪毫无觉察，或者不愿处理情绪，即使处于关系之中，他们也很难与他人的心理和情绪产生联结。他们用僵化的方式回避过去、情绪和关系中的亲密感。考虑到他们的童年经历，这也是可以理解的。在小时候，他们的情感需求在很大程度上受到了忽视，所以学会忽视自己的情绪仅仅是一种求生策略，这就是他们习得的依恋模式的基础。

请为前面提到的四个月大的孩子想象一个完全不同的场景。这一次，当她哭泣的时候，父亲有好一阵子都没注意到，他忽视了女儿的哭喊，继续读他的书。然后，他终于做出了回应，却为自己的阅读被打断而恼火。他满心沮丧地给女儿换了尿布，生气地把她放回婴儿围栏里，但女儿却依然哭个不停。父亲更恼火了，他以为女儿肯定是累了，于是把她抱到了婴儿床上。女儿继续哭闹，最后，在忍受了一个小时的饥饿之后，父亲终于把奶瓶给了她。

如果父亲对婴儿哭泣的反应如此不及时，而且与她的真实感受和需要相去甚远，那么婴儿会从无数次这样的互动中得出什么结论呢？父亲不太能理解自己的信号。他听不见她的心声，或者不能理解她。如果父亲总是不注意女儿传达的信息，女儿就会认识到，父亲不能满足她的需求，也不能与她产生情感联结，而且女儿想得没错。随着时间的推移，她可能会感到，没有人能真正深入地理解她，父母不能明白她的心声，而且她不能指望别人对她的需求和情绪感兴趣。最后，为了适应自己的环境，从照料者那里得到最好的回应，这个小女孩会本能地回避和忽视情绪及人际关系的重要性。也就是说，过去的人际关系对她毫无益处，所以她为什么要在未来如此重视关系呢？

冷漠的育儿方式会导致不安全的回避型依恋

请允许我们花一些时间解释孩子的大脑为什么会产生这样的适应过程，并学会否认情绪这个问题背后的神经科学：在我们的其他作品里，我们已经解释过，你可以把大脑想象成一栋房子，有楼上也有楼下，每一层楼都有不同的功能和职责。"楼下脑"由脑干和大脑的下部结构组成，包括控制情绪和生理驱力的边缘系统。我们较为原始和本能的身心过程，比如基本的身体功能、先天的冲动与强烈的感受都起源于"楼下脑"。与之相反，"楼上脑"由前额叶皮质和大脑的其他上部结构组成，这一部分是大脑中演化程度较高的部分，负责想象、决策、共情、个人领悟和道德等有关的高级思维。"楼下脑"和"楼上脑"的功能见图2-5。

所以，一种解释学习如何塑造大脑的方式是，孩子的内心需要联结（这种需要存在于较原始的"楼下脑"里），但由于回避型的依恋模式，这种需要一直得不到满足，于是大脑就学会了阻拦那些进入"楼上脑"的内部信号。出于防御的目的，那些与基本需求有关的信号遭到了拒绝，无法到达"楼上脑"。而大多数身体信号，包括许多来自"楼下脑"的边缘系统和脑干区域的信号，都会首先到达右半球的皮质。你可能已经听说过一个令人惊讶的事实，大脑左右半球在许多方面有着很大的差异：它们发育的时间不同（右侧先）、结构不同（右半球的内部连接更紧密），功能不同（右半球的关注范围很广，而左半球的关注范围很狭隘；右半球从下部区域接收信息，包括身体的信息，而左半球通常专门处理语言符号，包括口语和书面语）。

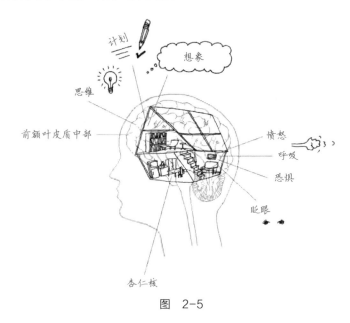

图 2-5

既然大脑有这样的特点，请想象一下：如果你能关闭对于"楼下脑"的觉知，切断身体对大脑皮质（一部分的意识产生于这个区域）的信息输入，那你就不会因为父母忽视你请求联结的信号而难过了。你只需要锻炼大脑左半球皮质的活动能力，并将其与右半球分离开来，就可以做到这一点——这样一来，随着你逐渐成长，你会失去对身体内部状态的觉察，也会意识不到心脏和肠道产生的渴望与未被满足的内部感觉。你确确实实地将自己与内心的世界隔绝开来了。

有一项重要的研究表明（这项研究既适用于回避型依恋的孩子，也适用于这些孩子的父母，也就是我们马上要讨论的忽视型依恋（dismissing attachment）的成年人），当被试面对与依恋有关的问题时，他们会产生明显的、痛苦的生理表现，但他们在外部行为上却表现出一种漠不关心的态度。从婴儿陌生情境实验的角度来看，这种现象就像婴儿不愿靠近母亲一样，婴儿的心理测量数据（如心率）表明他在母亲归来时产生了应激反应。他的"楼下脑"和身体知道，关系是很重要的，而应激反应出现的时机说明，即使他习得的依恋策略要求他尽可能减少依恋系统的外在行为表现，他对联结的需求也依然存在。

简而言之，依恋对我们深层神经网络的影响，涉及了大脑的三个系统。第一个系统是从"楼下脑"延伸到"楼上脑"的奖赏系统。依恋是一种奖赏。第二个系统是感受和调节身体的系统，该系统是我们求生意识的基础。第三个系统有时也被称为"心智化"网络，涉及我们如何通过所谓的"内观"来感知照料者的心理状态，并最终学会感知我们自身的心理状态。奖赏、身体调节和内观是大脑中的三个截然不同的网络，它们通过童年和成年生活中的依恋关系交织在了一起。

我们从回避型依恋的视角来看看这些系统是如何发挥作用的。

在过去，那些回避型依恋的孩子与照料者缺乏联结，当他们的依恋网络激活时，为了调节身体机能，应对当下的情况，他们会在此刻关闭作为联结驱动力的奖赏回路。但是，同样被他们关闭的还有内观的网络，而这个网络能帮助他们感知照料者的心理状态，甚至感知自身的心理状态。研究证明，看见内心和调节身体是大脑右半球的优势功能。这样一来，我们就能理解为什么许多研究结论总是说，那些拥有回避型依恋史的人，会依靠左半球的优势功能生活在这个世界上。这种求生的适应性神经策略会使拥有忽视型依恋模式的成年人对非言语信号（眼神接触、包括流泪在内的面部表情、痛苦或愤怒的语调、身体姿态、手势、回应的时机与强度）的敏感性降低——这些成年人在童年期很可能有过回避型依恋。此外，这些人在叙事时有一个显著的特征，那就是反复声称他们回忆不起来童年的经历。他们不但想不起幼儿期的经历（三岁前），也想不起小学及以后的关系体验。这两种研究发现是如何与左半球主导的策略联系在一起的呢？非言语信号和自传体记忆功能也是大脑右半球的优势功能！在这些涉及依恋的情境中，过去得不到联结和情感共鸣的经历会产生痛苦，而关闭大脑的右半球能让人回避这样的痛苦。可问题是，这种适应策略会让这个人在当下继续制造情感上的隔阂。就连他们在叙述自己对生活的理解时，也会"忽视"关系中的亲密感的重要性，因此，他们的这种求生策略被称为"忽视型依恋"。

在我们各自的实践工作中，我们在许多青少年和成年人身上看到了一种始终关注外在物质世界，而不关注内在心灵世界的模式。他们看待世界的方式似乎表明，所有真实存在的东西都只有物理的层面——可触摸、可测量、可称重的层面，他们认为现实仅存在于这个外在的、可见的层面上。当然，物质世界是真实存在的，但内在的精神和情绪层面也同样真实。内在主观的心理让我们充满了情感、思想、希望、梦想、冲动、欲求以及渴望。虽然这些东西被称为主观的，但这不意味着它们是不真实的；这只是说明这些东西源于我们的内心。它们可能是无法测量的，但可以说是我们之所以能在内心生活、人际关系中产生幸福感的最重要的因素之一（甚至可以说没有比这更重要的因素了）。

如果孩子对某个照料者形成了回避型依恋，说明这个依恋对象对孩子心灵的忽视达到了令人瞠目结舌的程度：孩子觉得照料者从没有看见过、回应过他的内在世界。这就好像他们的内在主观自我很少甚至从未被看见过、承认过，也没有在所谓的"反思性对话"（reflective dialogue）或有关心灵内在本质的对话中被提及过。（稍后会详细讨论这一点。）这种依恋关系似乎会在孩子身上造成一种障碍，让他们也无法了解自己的内心世界。如此一来，内观成了极其稀缺的资源。看到内心的能力依然存在，只是暂时还未得到过培养。（同样地，对父母和孩子来说都是如此，要培养这种与生俱来的内观能力，永远都不算太晚。）

可想而知，这就是为什么这些孩子在长大成人之后，会对依恋形成"某种特定态度"，也就是说，这些成年人将他们过去适应自身依恋关系的策略带到了当下的关系中。在这种情况下，这种适应的策略似乎会主要表现为对内在世界的忽视，既包括自己的，也包括他人的。依恋的科学表明，回避型依恋的孩子在成年后倾向于形成所谓的**忽视型依恋**。他们过着情感上极为疏离的生活，忽视人际关系的重要性，通常会回避亲密，拒绝尝试建立深层的、有意义的联结。他们可能会在生活的某些领域取得巨大的成功，甚至可能在公开场合表现出高超的社交技巧，但由于他们对亲密感到不舒服，他们基本上忽视了亲密关系的重要性，因而在生活中缺乏深层次的私人关系。从外表上看，他们可能表现得好像缺乏对于情感亲密的奖赏驱力，而他们的内观网络也没有正常工作，这些可能都是一种维持身体调节功能的策略。在小时候，他们缺乏成为"我们"的体验，因此疏远的生活方式可能是对早年缺乏联结的一种有益适应。因此，他们的伴侣可能常会体验到孤独、疏远，而他们的孩子可能也会学着以同样的方式与世界联结。因此，拥有忽视型依恋模式的成年人，其育儿方式与安全、自由型的父母有着很大的不同（见表2-2）。

请想一想那个"猜猜我是谁"的经典敲门笑话。这个笑话用一个谐音双关的笑点很好地表达了忽视型的育儿模式。

父母：咚咚咚。

孩子：谁呀？

父母：我我。

孩子：呜呜？

父母：不许哭。

这种忽视的反应源于父母自身的经历，他们自己的情感需求从没有被看见、被满足。与之形成鲜明对比的是，如果笑话中父母用情感共鸣和关爱的方式做出回应，这里他们的反应会大不相同。

父母：咚咚咚。

孩子：谁呀？

父母：我我。

孩子：呜呜?

父母：哎呀，你哭了？来，告诉我怎么啦。

后面这个笑话中的谐音双关语可能用得不太好，但其中表达的爱和关注肯定能起到很好的效果。

表　2-2

儿童依恋模式	家长的育儿倾向	儿童的先天假设
安全型	**安全型依恋模式：**对婴儿寻求联结的要求保持敏感、理解，并及时回应；能够读懂孩子发出的信息，始终满足孩子的需求。父母总能"陪伴"孩子	我的父（母）亲并不完美，但我知道我是安全的。如果我有了需求，他（她）会看见并迅速做出敏感的回应。我能相信其他人也会做到这一点。我的内在体验是真实的，值得表达和尊重
不安全－回避型	**忽视型依恋模式：**漠视孩子发出的信号和表达的需求；对孩子的情感需求缺乏共鸣	我的父（母）亲可能经常在我身边，但他（她）不关心我需要什么或我有什么感受，所以我要学着忽视自己的情绪，避免表达我的需求
不安全－矛盾型		
不安全－混乱型		

矛盾型和痴迷型依恋

三类不安全模式中的第二类，矛盾型依恋，会导致成年人在与自己的孩子相处时面临一系列和回避型截然不同的挑战。我们刚刚讨论过的回避型依恋儿童在长大后会成为情感疏离的成年人，既疏远他人，也疏远自己的内在世界，他们的忽视型依恋模式让他们回避情绪。这只是他们习得的求生方式。这种求生策略让他们的神经活动退缩到掌管逻辑和语言的大脑左半球，因此可能会在某些方面尽量减少依恋。

与之形成鲜明对比的是，矛盾型依恋的孩子在长大之后，其生活中会充满大量的混乱、焦虑和不安全感。他们不会生活在情绪的荒漠中，相反，他们对生活的反应通常伴随着情绪的洪灾。由于父母有时能陪伴他们，有时则不能，所以他们产生了这样动荡不安的体验。这种"间歇性强化"（父母给予他们的不稳定的陪伴）实际上会增强他们对依恋的需求。他们会逐渐认识到，他们不能指望父母时时给予情感共鸣、联结、帮他们调节身心。父母这种不稳定的回应会让他们与父母、与整个世界的关系都充满了不安全感。这样一来，为了适应这样的生活，他们在长大成人之后，就会对亲密关系缺乏清晰的内在安全感。与回避型依恋的孩子不同，矛盾型依恋的孩子不会尽量减少寻求联结的驱力，而是会放大这种驱力。

我们再回过头去看看那个饥饿的四个月大的婴儿，从矛盾型依恋的角度来看看她的故事。在她哭泣的时候，父亲也许的确想陪伴她，满足她的需求。事实上，他有时也能做到。但是，有时他会被情绪压垮，让他无法有效地回应女儿。前面所说的忽视型父亲用疏远的方式对待女儿，但这位父亲却不同，他很容易被情绪淹没，感到困惑不堪，无法理解自己的孩子并采取恰当的行动。他非但没有解决女儿的饥饿问题，反而变得焦虑重重，担心自己不能安抚女儿。他会面带痛苦地跑过去，把女儿抱起来。他感受到的压力让他想起了工作上的压力和老板的批评，进而让他想起了自己母亲过去经常辱骂他。由于他自己有一段焦虑、矛盾的过去，他很怀疑自己做父亲的能力。如果忽视型依恋的核心是疏远，那么对应的成人痴迷型依恋（preoccupied attachment）的核心就是困惑。他想要照顾自己的小女儿，但他害怕自己做不好。可想而知，在这种情况下，奖赏、身体调节和内观这三个依恋的神经网络都失去了平衡。在这位父亲的大脑中，他矛盾的依恋史加剧了奖赏回路的激活，让他的身体更加痛苦，而他的内观能力却被自身童年经历所影响了。当这一切发生的时候，婴儿正在他怀里哭泣，抬头看着他忧心忡忡的脸，感觉到他的身体非常紧张。婴儿被父亲的内在状态深深地影响了。因为父亲感到焦虑而困惑，所以她也有了这样的体验，继承了父亲"遗留"下来的、持续不断的不安全感。

这个婴儿在成长过程中，通过这一次和其他成百上千次的互动，逐渐得知她不能指望自己的需求一定能被其他人看见或满足。她的父亲想陪伴她，有时也的确做到了。但更常见的情况是，父亲总是沉浸在自己的情绪世界里，无法给予女儿需要的可靠而稳定的陪伴。随着女儿进入青春期和成年期，她的自我意识会变得非常混乱。她的身体调节、奖赏和内观系统也是不稳定的。作为一个四个月大的孩子，她只知道自己饿了。但因为在她的生活中，她与父亲有过多次相似的互动，而父亲给她的陪伴却是不一致的，于是随着她逐渐长大，那种饥饿逐渐与焦虑感和不确定感产生了神经上的联系。这样一来，她自己的生活方式可能也会变得不稳定、充满混乱。（假设她没有另一个能提供安全型依恋的重要照料者，以减轻她与父亲的矛盾关系产生的消极影响。）

不一致的情感共鸣导致不安全的矛盾型依恋

矛盾型依恋的儿童在成年后会发展出所谓的**痴迷型依恋**模式，其主要特征就是，他们在亲密关系里会用混乱而高度情绪化的方式建立联结。忽视型依恋的成年人通常会忽视过去经历的重要性，因而也会忽视自身以及他人的情绪；而拥有痴迷型依恋模式的成年人却恰恰相反：他们会沉迷于或痴迷于过去，执着于关系与情绪。因此，他们的人际关系也具有情绪极度动荡和严重焦虑的特点。在与他们关心的人相处时，他们往往难以管理自己的需求，任由自己的强烈情绪控制自己，如愤怒、怨恨以及对过去关系的恐惧。这样一来，冲突使情绪像火山一样喷发，并完全主导了他们对这个世界的反应，同时羞耻和自我怀疑的感受让他们的核心自我困惑不已、寸步难行。他们感到内心对于联结的渴求反而让他人远离他们，从而产生一种反馈循环，强化了他们心中他人不可靠的印象。他们被放大的依恋驱力中充满了担忧和困惑。可想而知，他们会产生信任问题，而且这种恶性循环会持续下去，强化之前导致困惑的内部状态。

大脑扫描研究也证实了这一点。研究者观察了不同被试在看到他人的面孔和情绪时的神经元反应。忽视型依恋的人用在面孔和情绪上的注意力资源较少，这导致他们更不善于理解他人、对他人产生共情，而痴迷型依恋的人与他们正好相反。这些人的扫描结果显示，他们对面孔和情绪的关注太多了，这就导致其他人经常会觉得这些人有一种"黏人"的情感渴求。你可能已经想到了，安全型依恋的人在这两种反应之间找到了健康的平衡，他们对人际关系和他人的观点给予了适当的关注。

痴迷型依恋的敲门笑话会强调父母因为自身情绪的不稳定而无法陪伴孩子。

父母：咚咚咚。

孩子：谁呀？

父母：我我。

孩子：呜呜？

父母：有没有搞错？你哭了？你为什么会难过？哦，你可真行。现在你要把我也弄哭了！

请看一看我们填的这张表（见表 2-3），你可以看到各种依恋模式之间的区别，以及为什么安全、自由型的依恋会给关系和人生带来保障感与成功。这种自由能让个体自主反思过去的经历，以及自身与他人的情绪，并且从中学习。他们既不需要与过去或情绪切断联结（像忽视型依恋者那样），也不需要过度卷入其中（就像痴迷型依恋者一样）。

表 2-3

儿童依恋模式	家长的育儿倾向	儿童的先天假设
安全型	**安全型**依恋模式：对婴儿寻求联结的要求保持敏感、理解，并及时回应；能够读懂孩子发出的信息，始终满足孩子的需求。父母总能"陪伴"孩子	我的父（母）亲并不完美，但我知道我是安全的。如果我有了需求，他（她）会看见并迅速做出敏感的回应。我能相信其他人也会做到这一点。我的内在体验是真实的，值得表达和尊重
不安全 - 回避型	**忽视型**依恋模式：漠视孩子发出的信号和表达的需求；对孩子的情感需求缺乏共鸣	我的父（母）亲可能经常在我身边，但他（她）不关心我需要什么或我有什么感受，所以我要学着忽视自己的情绪，避免表达我的需求
不安全 - 矛盾型	**痴迷型**依恋模式：有时能理解孩子发出的信号和表达需求，并做出敏感的回应，有时则不然。有时会做出侵扰性的回应	我永远不知道我的父（母）亲会做何反应，所以我的精神必须时刻紧绷。我不能放松警惕。我不能相信他人会一如既往地支持我
不安全 - 混乱型		

混乱型和未确定型依恋

最后一类不安全型依恋，即混乱型依恋，是儿童发展中最令人不安的依恋类型。如果父母非但没能帮助孩子远离威胁、感到安全，反而成了孩子的威胁，就会让孩子形成这样的依恋类型。对于这样的孩子来说，父母成了恐惧的来源，因为父母反复做出极端的忽视行为（因此也是让人恐惧的），或者做出过于混乱、让自己难以忍受的行为，或者父母变成了威胁、危险或可怕的人。由于依恋对象——父母的这些作为（或不作为），上述每种情况都会使孩子惊恐不已。害怕自己父母的经历会让孩子在长大成人之后难以调控自己的情绪，也难以在世界上感到安全。其他的不安全型依恋，如回避型和矛盾型，会导致有序的行为模式，让他们以自己的方式在世界上生存：忽视型的个体会回避情感联结与亲密，因为他们过去与父母的关系就属于回避的模式；痴迷型的个体往往会反复经历困惑与痛苦状态，他们会尽最大努力减轻他们在关系中感受到的焦虑和矛盾（但往往引发更多的焦虑和矛盾）。关键在于，无论是回避 / 忽视型模式中尽量减少依恋的行为，还是矛盾 / 痴迷型中尽量放大依恋的行为，都是与有规律的策略相对应的，虽然这些策略不能让人们过上安全或理想的生活，但能让他们以具有内部统一性的方式生存下来。

但对于那些从小害怕父母，长大后形成混乱型依恋模式的成年人来说，没有任何有规律的策略能帮助他们在这个世界上生存。他们在生活中无法做出理性或有效的反应。请想象一下奖赏、身体调节和内观这三大网络。在混乱型依恋的恐惧状态下，受到威胁的状态会导致身体失调，而看见可怕父母的内心世界，本身也是一件很可怕的事情。依恋本来是以奖赏系统为根基的，而这种根基此时可能已经支离破碎了。为什么呢？如果父母成为孩子恐惧的来源，孩子内心就会产生所谓的生物学悖论，他的大脑会同时进入两种状态。一方面，他觉得自己不得不求助于照料者，因为他很害怕。数世纪的演化告诉他的大脑，这是适当的反应。他的依恋对象应该保护他，想要给他最好的东西，为他提供安全和保障感。另一方面，他的照料者在此时成了他痛苦的来源。他与生俱来的各种期待都落空了、他行为的各种基本假设全都不成立了。这样一来，孩子既会感到不得不向父母求助，又不得不逃离父母。

从神经学上说，来自脑干深处的逃生反应会促使孩子远离恐惧的来源。边缘系统区域也是"楼下脑"中的一个部分，但比脑干所处的位置稍微高一些，大部分依恋系统的功能都诞生于这个区域。这个专属于哺乳动物的脑区就好像在说："嘿！我遇上危险了，我的所有哺乳动物祖先都在依恋对象那里得到了安慰和安全，所以现在我也要去找我的依恋对象！"但是，依恋对象也是恐惧的来源。脑干产生让孩子远离依恋对象的驱力，而边缘系统区域又产生让孩子靠近依恋对象的驱力，这就导致了一种内心冲突、一种悖论。一个人怎么能既靠近又远离同一个人呢？没有人能做到。所以，在这种情况下不可能产生有规律的应对方式。

随后，个体的应对策略就分崩离析了，也就是我们所说的解离（dissociation）

以及严重的情绪、行为失调，进而导致健康功能的严重受损。对于这些人来说，建立人际关系是很难的，要在压力之下保持专注，在充满挑战的内在生活、人际生活中保持内心平静也同样艰难。

依恋领域的研究者彼得·福纳吉（Peter Fonagy）使用了"认识性信任"（epistemic trust）这一概念，来研究我们看待现实的方式（即认识论）被混乱型依恋干扰的情况。如果依恋对象做出了可怕的事情，那么孩子看待现实的方式（他人是否值得信赖）会被不符合社会期待的父母影响，以至于难以信任他人。对于有混乱型依恋史的个体来说，如果父母的行为反复违背这种认识性信任，就可能会破坏他们对于现实的内部感觉，从而可能让他的精神世界变得支离破碎（即解离）。幸运的是，经过干预，这些可怕的、破碎的体验，以及这些体验引起的解离症状是可以治疗和治愈的。这种解离症状往往会从幼年持续到成年。但是，如果不经治疗，这些成年人支离破碎的心理和行为会再次让他们的孩子感到恐惧，即使他们主观上丝毫不想让那段历史重演也无济于事。这些混乱型依恋的反应可能会影响下一代人，在一定程度上导致孩子再次体验父母带来的恐惧。

对于这种混乱型依恋的父母来说，他们往往会有令人困惑的表现。他们常会在混乱与僵化的模式之间来回变化，并且在人际交往、情绪和行为的调节等方面遇到严重的问题。对于这些成年人来说，如果感受到了威胁，或者经历了丧失，他们的反应就完全不可预料了。他们可能会做出完全混乱的反应，这些反应有时甚至是危险的。他们可能突然变得非常愤怒或可怕，用言语或行为发泄情绪。他们也可能会在恐惧中迷失自我。他们甚至可能完全陷入不知所措的状态，产生解离的症状，以至于他们的身份认同感都发生了改变，或者忘记了正在发生的事情。这些不可预测的、可怕的反应，通常出现在一些所谓**未确定型依恋**（unresolved attachment）的成年人身上。

举例来说，在那个饥饿的、四个月大的孩子的故事里，如果她的父亲拥有未确定型依恋模式，那么当父亲听到孩子哭泣的时候，他就可能无法控制自己的身心状态。请设想一下，由于他的未确定型依恋状态，他的奖赏网络、身体调节网络和内观网络都无法以有组织的方式工作。对于大多数父母来说，孩子哭泣可能只是一件有些让人头疼的事情，但对于这位父亲来说，这种情况却会触发创伤——孩子的哭声在他大脑中唤起的神经激活状态，与他童年时和哭泣相关的可怕经历十分类似。他可能会急匆匆地跑来，一把将女儿紧紧地抱起来，但由于抱得太紧，把女儿弄哭了，而这又让他抱得更紧了。他可能会去厨房装奶瓶，但在面对紧张的情境时，他感到很无助，他的精神开始崩溃了。随着女儿的哭声越来越大，恐慌的情绪会压垮他，而自己被酗酒父亲虐待的记忆也会淹没他，导致他的心跳越来越快。他迷失在痛苦的记忆中，脑海里全是父亲抓住他头发的画面。很快，他就会回过神来，发现自己在对女儿大喊大叫："闭嘴！闭嘴！我再也受不了了！"而女儿已经停止哭泣了。女儿眼神呆滞，呜咽不已。他们俩都在颤抖，而女儿的心中则感到十分茫然。

"茫然"正是孩子目睹父亲的行为时所产生的恐惧反应。父亲既害怕，又可怕，迫使女儿产生了生物学悖论，让她既想逃离照料者，又想接近照料者。对于孩子的心理来说，这种情况显然会造成问题，导致困惑，孩子的内心会因此而崩溃。女儿绝不可能理解这种情况，也无法形成有规律的适应策略。在其他的不安全型依恋中，孩子会对父母不够理想的行为产生有规律的应对模式及策略性的、适应性的反应。忽视型父母的孩子很快就会学会忽略自己的感受，避免引起麻烦，不谈论需求与情绪。同样地，痴迷型父母的孩子会明白，保持高度警惕、准备好应对不可预测的照料者是多么重要。为了回应自己的父母，这些孩子逐渐适应了与父母相处的互动模式，在这个基础之上，这些孩子在未来重演了这些根深蒂固的关系模式。孩子对父母的适应，留下了多么不可磨灭的痕迹，由此可见一斑。

但如果混乱、未确定型依恋的父母做出了可怕的行为，孩子就无法做出任何有意义的适应性反应。父母的行为既可怕，又缺乏明确的规律，因此孩子无法形成有规律的策略或应对机制。这是一种无路可逃的恐惧情境。其结果是，孩子平常连贯的意识变得支离破碎，导致解离的心理体验，使孩子难以用具有内部统一性的方式调节情绪、与人相处、处理挫折，甚至连生活下去都变得非常具有挑战性。

恐惧导致不安全的混乱型依恋

这就是为什么这种依恋模式被称为"混乱型"依恋。导致这种依恋模式的情况之一就是创伤。大脑扫描显示，父母的虐待和忽视，也就是我们所说的发展性创伤，会损害促进神经整合的脑区。这也许就能解释，为什么混乱型依恋的孩子会产生情绪调节、社会性沟通、学术推理能力障碍以及人际暴力倾向等方面的诸多问题。

这样看来，这一现象就不足为奇了：对于许多做出过可怕的行为（这些行为通常是无意的，有时甚至算不上虐待或忽视），导致孩子产生混乱型依恋的父母来说，他们自身往往也经历过多种未被解决的创伤和丧失。这些父母和孩子的互动方式，与父母自己和他们的照料者的互动经历有着错综复杂的联系。

举个例子，如果有一个孩子坚决不让母亲把他放在汽车安全座椅里，请设想：这位母亲从小受到父亲的虐待，在混乱型依恋的模式中长大，而父亲喜欢她的兄弟姐妹，从不像对待她一样虐待他们。如果是这样，那会发生什么？她的童年经历会在很大程度上影响她对儿子拒绝系上安全带的反应。儿子说："我不让你把我放进去。只有爸爸可以！"此时，她一开始可能会冷静地说："不，这次由我来。"

但如果孩子坚持说："不，我要爸爸！"那么，一段存储在母亲神经系统中的记忆就会迅速闯入她的脑海，控制她的身心——而这段经历在关于"她是谁"的叙事中写下了浓墨重彩的一笔。她会想起父亲偏爱她的兄弟姐妹时自己的被遗弃感，也会想起本应保护她的父亲来追打她时自己的恐惧。背叛、羞辱、遗弃、恐慌：这一切都深埋在她所谓的"内隐记忆"里，深埋在她的情绪记忆、知觉记忆和身体记忆中。此时此刻，这段记忆会在大脑中活跃起来。

所以，当她两岁的儿子说"我要爸爸给我系安全带，不要你"的时候，这位母亲的大脑里仍然满是未经疗愈的创伤。所以，她就屈服于那些内隐记忆了。她直接做出了本能的反应，全然没有意识到她的行为与过去未解决的问题有关。她觉得儿子羞辱了她。她迫切地想成为一个称职的母亲，于是坚持说道："老老实实地坐在安全座椅上！"但儿子再次说道："不不不。你不知道怎么扣安全带！"作为父母的无能感唤起了她童年时的屈辱感。羞耻、遗弃、背叛等各种各样的情绪在她心中浮现，她抓起自己的小儿子，试图强迫他坐进安全座椅里。

从他们上车到此刻，只过去了 10 秒钟，而这位母亲就已经完全失去了控制。所有那些内隐的、皮质下的记忆都被激活了，而她那些低级的、原始的"楼下脑"已经完全控制了她。谁知道接下来会发生什么？在最极端的情况下，她可能会在绝望中崩溃，跑回屋里，或者倒在地板上大哭大叫，因为她迷失在了内隐记忆中。在那一刻，她可能十分害怕自己现在的样子。她也可能十分生气，不仅会在言语和情感上伤害孩子，甚至可能会打他。

这就是混乱型依恋可能导致的结果。我们可以看出，这些父母失控的可怕事例，虽然是无心之失，但的确是从相应的未确定型成人依恋中发展而来的。这种令人困惑、混乱无序的亲子互动循环会不断重复，让孩子无法应对生活中的挑战。这样长大的人不清楚自己是谁，也不知道如何建立健康的人际关系。混乱型依恋的敲门笑话是完全荒谬的，让孩子完全不知道该如何回应父母混乱而令人困惑的反应。

父母：咚咚咚。

孩子：谁呀？

父母：我我。

孩子：呜呜？

父母：你哭个屁！我讨厌你，你这个爱哭鬼！滚出我的房间！

既然这张表（见表 2-4）已经填好了，你就能看出为什么混乱型依恋模式对孩子能造成如此之大的影响，让他们成为那样的成年人了。如果说忽视和虐待等发展性创伤的极端案例能给我们一些具有普遍性的启示，那便是混乱型依恋会给儿童大脑的整合造成显著的损害。每当类似于当初创伤或忽视的事情发生时，这种情境依赖型的大脑状态就很容易激活威胁状态。处于这种支离破碎的求生模式中。人们无法在当下与他人互动，包括与孩子互动。

表　2-4

儿童依恋模式	家长的育儿倾向	儿童的天生假设
安全型	**安全型**依恋模式：对婴儿寻求联结的要求保持敏感、理解，并及时回应；能够读懂孩子发出的信息，始终满足孩子的需求。父母总能"陪伴"孩子	我的父（母）亲并不完美，但我知道我是安全的。如果我有了需求，他（她）会看见并迅速做出敏感的回应。我能相信其他人也会做到这一点。我的内在体验是真实的，值得表达和尊重
不安全－回避型	**忽视型**依恋模式：漠视孩子发出的信号和表达的需求；对孩子的情感需求缺乏共鸣	我的父（母）亲可能经常在我身边，但他（她）不关心我需要什么或我有什么感受，所以我要学着忽视自己的情绪，避免表达我的需求
不安全－矛盾型	**痴迷型**依恋模式：有时能理解孩子发出的信号和表达的需求，并做出敏感的回应，有时则不然。有时会做出侵扰性的回应	我永远不知道我的父（母）亲会做何反应，所以我的精神必时刻紧绷。我不能放松警惕。我不能相信他人会一如既往地支持我
不安全－混乱型	**未确定型**依恋模式：有时完全不能理解孩子发出的信号和表达的需求；混乱无序，表现得很可怕，或者表现出害怕的情绪，也可能两种情况都存在	父（母）亲看上去既可怕又混乱。我不安全，没有人能保护我。我不知道该怎么办。我无依无靠。人都是可怕的、不可靠的

其他形式的不安全型依恋必然会导致亲密关系出现一些问题，无论是在亲密关系中封闭或隔离情绪（像回避型依恋那样），还是放大情绪、保持警惕（像矛盾型依恋那样），但那些依恋类型至少让孩子形成了有规律的、适应性的策略。这些依恋模式至少能让孩子对无法提供安全型依恋的父母做出一致的反应：压抑或放大依恋的驱力。但是，未确定型、混乱型依恋模式会让孩子感到困惑，无法形成任何有效的应对策略。在某种程度上，我们可以把混乱型依恋理解为既压抑又放大依恋驱力，因为对于同一个照料者，孩子既想靠近，又想躲避。此外，与认识性信任（知道如何分辨什么是真的，什么是假的）相抵触的体验，可能会使人混乱的内在状态增添恐惧与困惑的感觉。当孩子面对青春期及以后的发展阶段的压力时，这种外在的行为悖论就会强化其用来应对压力的解离机制。

心怀希望的理由：获得性安全型依恋

这些依恋研究者反复做的研究究竟告诉了我们什么？结论再次与我们的料想一致：敏感、善解人意、能对情绪做出回应的父母通常会养育出抗逆力强、情绪健康的孩子，他们长大后通常会成为适应能力强、幸福的成年人，能够建立互惠互利的关系。诚然，基因和运气都对孩子的成长有很大的影响。但早在孩子一岁生日的时候，父母对他们的发展和看待世界方式的影响就已经非常明显了，这种影响既体现在童年期，也会体现在成年期。

> 早在孩子一岁生日的时候，父母对他们的发展和看待世界方式的影响就已经非常明显了，这种影响既体现在童年期，也会体现在成年期。

这些依恋模式有没有让你产生共鸣？从这些描述中，你有没有发现你父母（或者你自己）的影子？如果你发现自己对某些不安全型或未确定型的模式深有体会，我们想给你一个充满希望的消息：即使你从没有从父母那里得到过安全型依恋，你依然能让自己的孩子拥有安全型依恋。安全型依恋是可以习得和获得的。

> 我们想给你一个充满希望的消息：即使你从没有从父母那里得到过安全型依恋，你依然能让自己的孩子拥有安全型依恋。安全型依恋是可以习得和获得的。

我们知道，我们应该对孩子保持敏感，与他们产生情感共鸣，帮助他们在安全型依恋中成长。那么，如果我们发现自己表现出了某些回避型、矛盾型或混乱型依恋的特征，我们该怎么办呢？我们注定要让同样的模式重现吗？

"绝非如此。"这是依恋领域的科学研究给出的鼓舞人心的消息。人们通常认为，早期依恋的体验是非常重要、不可改变的。虽然这些体验非常重要，但它们绝对是可以改变的。这就是所谓**获得性安全型依恋**的作用。你可以学习如何建立安全的人际关系，从而获得保障感。是的，你受到的教养极大地影响了你看待世界、养育儿女的方式，但更关键的是你如何理解自身的童年经历——你的心理如何塑造你的记忆，从而阐释现在的你是谁。虽然你无法改变过去，但你可以改变自己对过去的理解。如果你能回顾自己的人生故事，尤其是与你父母有关的事情，理解他们为什么会那样做，你就能意识到你的童年经历如何影响了你的发展，并继续影响着你当下的关系，包括你养育自己孩子的方式。这就是你获得安全型依恋的方式。接下来我们会讨论，在你理解自身依恋史的过程中，为什么你与孩子的互动会成为关键因素。

具体而言，理解自己的人生故事意味着什么？我们已经谈到过，其中的关键是要形成依恋科学家所说的"连贯叙事"。在这样的叙事中，我们会反思并承认家庭经历的积极面和消极面，以及我们对这些经历的感受。然后，我们就能了解这些经历如何影响了我们的大脑和关系模式。例如，一段连贯的叙事可能是这样的："我妈妈总是很生气。她爱我们，这一点是毋庸置疑的。但祖父母确实把她害惨了。祖父一直在工作，祖母在私下里是个酒鬼。妈妈是六个孩子中最大的，所以她总觉得必须做到完美。但很明显，她做不到。她把所有事都埋在心里，总是试图控制自己，可一旦出了什么问题，她的情绪就会爆发。我的姐妹和我经常会受她的情绪波及，有时甚至还会挨打。我担心有时我对孩子的管教不够严，我认为其中部分原因在于，我不想让他们感受到追求完美的压力。"

和我们很多人一样，这位女士的童年显然不够理想。但是，她可以清楚地谈论童年，甚至找到对母亲的同情，并反思这一切对她自己和她的孩子意味着什么。她能讲出过往经历的具体细节，很容易从回忆中得出自己的理解。她没有忽视过去，也没有沉溺其中。这就是一段连贯的叙事。

对于许多安全型依恋的成年人来说，他们的父母虽然不完美，但这些父母在多数时候都能很好地、始终如一地回应孩子的需求。但是，对于其他像这位女士一样的人来说，他们必须自己去"获得"安全型依恋。这意味着即使父母没能给他们足够好的童年，让他们自然成长为安全型依恋的成年人，他们也可以通过理解自身的经历来克服这种障碍。这种理解的过程可以由内心反思或人际关系带来。

相比之下，没有通过这种情绪工作来获得安全型依恋的成年人，很难用清晰易懂的方式讲述自己的生命故事。一种情况是，对于一个忽视型依恋的人来说，他的生命叙事往往是不连贯的。我们能从中看出，他不承认人际关系、情绪以及过去经历的重要性。无论这类人的表达能力如何，每当他们回顾家庭和早年生活经历时，他们就可能难以讲出连贯的故事，进而难以理解他们的童年经历。当有人问及他们的早年家庭生活时，他们可能不愿或不能回想起童年的具体事件，尤其是无法回想与情绪和人际关系有关的细节。他们可能会坚称，自己的母亲是"慈爱的"，但无法给出任何具体的回忆来支持这一说法。他们童年的故事可能包含孤独的情绪，以及在情感、人际关系匮乏的环境中成长的经历，但他们可能依然会坚称："不过，一切都挺好的。反正我也不喜欢那些情绪化的东西。"我们曾提到过，缺乏对自传体记忆的回忆与反思，可能在一定程度上与神经的适应过程有关：大脑右半球的自传体记忆功能、感知身体信号的功能发育不良，导致了这样的回避反应。

另一种缺乏连贯叙事的情况可能恰恰相反，有的人可能过于关注过去的细节，导致他们迷失在过去的回忆里。这是痴迷型依恋模式的表现，这种依恋类型的人，只能讲出混乱的叙事，总是将过去的事情与成年生活的近期事件混为一谈。这种模式之所以被称为"痴迷型"，是因为这些人的叙事总是痴迷于人际关系、情绪和过去。我们可以把这种现象看作大脑右半球的自传体记忆功能和体内情绪反应的过度激活。痴迷型依恋模式的人很难抓住故事的主题，很容易沉溺在回忆中，让故事显得不连贯、混乱。

在最后一类不安全型成人依恋模式——未确定型依恋的情况下，人们可能经历过前文所说的"无路可逃的恐惧"，也就是父母表现出害怕情绪，或者表现得很可怕的情况。如你所料，这种童年关系创伤往往也会导致不清晰的叙事，这样的叙事会使孩子在长大之后难以用清晰易懂的方式讲述自己的过去。在这种情况下，未确定型依恋模式会让这个人的叙事变得不连贯，尤其是当被问及有关威胁、恐惧、死亡或者任何与创伤有关的话题时更是如此。他们可能会迷失在细节里，在讲述自己的故事时，他们的意识状态甚至都可能发生改变，就像进入了解离或恍惚状态，从而让故事彻底变得支离破碎。

无论是属于忽视型、痴迷型还是未确定型依恋，人们都无法用连贯的故事来讲述自己的过去，每种类型的人都有着独特的不连贯模式。如果没有连贯的叙事，他们就难以理解过去的经历，也无法理解他们是如何成为现在的自己的。对于这样的父母来说，他们在养育孩子的过程中很可能重蹈自己照料者的覆辙。他们继承而来的关系模式让他们的大脑形成了不够理想的连接，而他们又会将这些关系模式传递给下一代人。

然而，如果我们鼓起勇气审视过去，培养反思的能力，并且用清晰连贯的方式来讲述我们自己的故事，既不逃避过去，也不沉溺其中，那我们就能逐渐治愈过往的创伤。这样一来，我们就能重建大脑神经的连接，更好地帮助孩子与我们形成安全型依恋，而这种牢固的关系将成为他们一生抗逆力的源泉。

如果你能意识到，自己不该为父母没能在童年陪伴你而受到指责，你现在有能力将自己从别无选择的过去中解放出来，就能体验到极大的解脱。

然后，这种解脱感能让你开始为自己今后的行为负责，这就是我们临床工作者所说的"**能动性**"。正如一位家长所说："发生在我身上的事情并不是我的错，但我对我现在所做的事情负有责任。"事实上，我们之所以会成为现在的自己，产生现在的行为模式，都是因为这些让我们适应特定情境的策略。我们找到了生存的策略，并且尽了一切努力。换言之，我们在成长中适应了自己的环境，为了在我们的家庭里生存，尤其是为了在孩提时代生存下来，我们做了一切需要做的事情。但是在成年之后，这些求生的策略和模式可能会变成牢笼。这些策略可能深刻地影响了我们的奖赏系统对依恋的驱力，影响了我们感知和调节身体状态的方式，并且影响了我们发挥内观能力以及了解自身和他人内心世界的方式。

> 如果我们鼓起勇气审视过去，培养反思的能力，并且用清晰连贯的方式来讲述我们自己的故事，既不逃避过去，也不沉溺其中，那我们就能逐渐治愈过往的创伤。这样一来，我们就能重建大脑神经的连接，更好地帮助孩子与我们形成安全型依恋，而这种牢固的关系将成为他们一生抗逆力的源泉。

但是，我们不必一直停留在这样的状态里，你可以从过去的束缚中解脱出来。正如关系会发生改变，依恋模式也会改变。"理解"自己的生活不仅仅是一种智力练习。这种行为实际上能重建我们对于奖赏、身体调节以及内观的感觉。这种理解是一种深度整合的过程，这个过程直指"我是谁"以及"我如何才能在亲密关系中成为'我们'的一员"等问题的核心。研究表明，从育儿的角度来看，理解自身的生活能让我们获得自由，成为我们想要成为的父母。

如果孩子感到照料者与他们建立联结的方式发生了转变，他们自己的依恋模式也会发生变化。成年人也是如此。成年之后，与一个安全型依恋的伴侣生活在一起，能帮助不安全型依恋的人逐渐学会用更自由、更善于沟通的模式与人交往。我们总是乐于改变！安全型依恋是可以获得的，也是可以学习的。丹尼尔曾经与一个90多岁的人一起工作过，这位老者就改变了自己的关系策略，也就是他的成人依恋模式，从而让他用一种更加自由、充满爱意的方式陪伴他的配偶和所有家人。他的妻子甚至问过丹尼尔，是不是给她丈夫做了"大脑移植手术"。

简而言之，我们没有必要让过去的经历控制我们的生活方式与育儿方式。我们可以改变自己的生命叙事，从而改变子孙后代的未来。

事实上，研究表明，即使父母在较晚的生命阶段才通过连贯的叙事获得安全型依恋，他们也能像那些拥有理想童年，并幸运地拥有所谓"持续的安全型依恋"的人一样，有效地养育自己的孩子。

多年以来，丹尼尔一直在用一个很有用的类比来形容"直面过去"的过程。

如果创伤就像被狗咬的伤口，那我们就能够理解，我们会有一种远离恶狗的自然冲动。然而，如果狗咬了你的手，而你试图把手抽开，狗的牙就会咬得更紧。你越是挣扎，伤得就越重。但是，如果你把手塞进狗的喉咙，狗就会呕吐，松开你的手，从而将伤害降到最低，让伤口愈合得更好。创伤也是如此。我们的自然反应是远离创伤，不去想它，我们不想被痛苦的记忆或想法淹没："事情都过去了，何必纠结于无法改变的事情呢？"但实际上，记忆的提取与叙事性反思结合起来，就能修正我们的记忆。未释怀的丧失、未疗愈的创伤是可以治愈的，而随之出现的连贯叙事能帮助我们变得更坚强。这是因为，你在这个过程中逐渐理解了自己的生活。有人将这种现象称为"创伤后成长"。没人要求你去创造丧失、虐待或忽视的体验；可一旦这些事情真的发生了，那么请鼓起勇气，动用你的心灵与亲密关系的力量，直面丧失与创伤，这将是你送给自己的一份礼物。"让所有的一切成为生命中的老师。"这是我们在面对生活中不可避免、意料之外的挑战时，学着茁壮成长的有效策略。我们可以将挑战视为成长的机遇。你最终会治愈伤痛，并通过内在的力量与有益的人际关系，增强你的陪伴与爱的能力。

对有些人来说，反思过去，学会叙述自己的理解（比如谈谈自己的父亲，谈谈对他的忽视型依恋的理解），可能是一个相对简单的过程。比如说，你可能会审视父亲的过去，了解到他是在贫困中长大的，他的父母把很多时间放在工作上，而无法给他情感支持。在父亲不开心的时候，祖父母也许会说："别抱怨了。你应该心存感激。"如此一来，他可能就形成了回避型的依恋模式，进而导致他在养育自己的孩子时采取了忽视的方式。他在与人交往时，可能很大程度上用的是大脑左半球的优势功能，以至于他常常忽略他人的非言语信号。也正因为他的大脑有这种特征，他对自我的自传体认知（autobiographical sense）不足，所以他很难向身边的人、向自己讲述有关自己的事情。这种新的认识会让你对父亲产生同情，让你能够说出这样的话："作为父亲，他的确让我失望了，但我明白了其中的原因。他的父母从没给过他情感方面的技能或者资源。难怪他不知道如何用深刻而有意义的方式来陪伴我。这对我来说很痛苦，我常常感到孤独，而我想确保能与自己的孩子建立亲密的关系。我想让他们知道，他们可以向我倾诉。即使我的童年没有这样的体验，我依然想要理解他们的内心。"

对于另一些人来说，这个过程可能要复杂得多，有时甚至是痛苦的。在这个过程中，求助可能会对你有所帮助。比如，心理治疗常常能有效地帮助我们理解自身的故事。事实上，治疗关系能模拟安全型依恋，让你感到安全、被看见、被安慰、有保障感，而你也会逐渐找到头绪，理解父母的故事，甚至帮助自己同情他们的经历，看到他们为什么没能成为你需要的父母。最重要的是，心理治疗可以帮你整合你的大脑，因为治疗将过去与现在进行了整合，让你能够与孩子交流、陪伴孩子，从而在当下和未来建立安全型的依恋。

我们都需要连贯的叙事，这样我们才能"讲述"童年的故事——这故事通常不是对我们的孩子讲的，而是对我们自己或我们身边的成年人讲的。反思我们与父母的关系，以及与其他影响我们发展的照料者之间的关系是很重要的。同样重要的是，我们必须面对过去的体验，或者面对我们过去错失的体验。

> 如果没有这种连贯的叙事，我们就可能会重蹈父母的覆辙，把他们从他们的照料者那里继承而来的痛苦遗产传承给下一代人。但是，如果我们能理解自己的经历，努力理解自己父母的创伤，我们就能打破这个循环，避免将不安全型依恋的遗产传递下去。

请记住，联结是我们天生的渴望，即使我们从未在小时候拥有过充满爱的关系，我们依然渴望联结。因此，尽管缺乏联结的感觉常常无法被我们的意识觉察，但我们的确会体验到这种感觉。对于生活中缺失的东西，我们需要理解这种缺失的痛苦。因为，如果没有这种连贯的叙事，我们就可能会重蹈父母的覆辙，把他们从他们的照料者那里继承而来的痛苦遗产传承给下一代人。

但是，如果我们能理解自己的经历，努力理解自己父母的创伤，我们就能打破这个循环，避免将不安全型依恋的遗产传递下去。你可能会思考有关宽恕的问题。我有一位同事，同时也是朋友，名叫杰克·康菲尔德（Jack Kornfield），他对这个重要的过程有一种很好的见解：宽恕就是放弃对于美好过去的所有幻想。这样一来，我们宽恕了过去，却没有纵容过去的错误，我们没有说那一切都是合理的，但是放弃了我们可以改变过去的虚假幻想。随着理解生活而来的接纳与宽恕是一种深刻的解脱。在很多方面，我们会逐渐原谅自己不得不做出的适应，我们不仅会接纳过去的自己，还会接纳现在我们想要成为的自己。

> 通过完成个人内心的工作，获得安全型依恋，你打破了不安全型依恋的循环，改善了未来几代人的生活。

这并不容易，但想想看，如果你完成了这项重要的工作，理解了自己童年的欢笑与痛苦，那你就会给予自己的孩子一份弥足珍贵的礼物。如果你能用连贯的叙事描述自己的过去，你就能成为你想要成为的父母，也能让孩子感到与你建立了牢固而有意义的联结，从而把安全型依恋传递给了他们。这样一来，猜猜谁还能得到这份礼物？没错，是你的孙辈，还有曾孙辈。通过完成个人内心的工作，获得安全型依恋，你打破了不安全型依恋的循环，改善了未来几代人的生活。

因此，这就是我们在接下来的章节里想要向你传达的最重要、最真诚的信息。具体而言，就是如何陪伴自己的孩子：无论你的成长经历如何，不管你过去经历了什么，你都可以成为你想要成为的父母——充满爱心、情感敏锐；你可以陪伴孩子，让孩子成为幸福、成功的人，自由地做自己。

> 无论你的成长经历如何，不管你过去经历了什么，你都可以成为你想要成为的父母——充满爱心、情感敏锐；你可以陪伴孩子，让孩子成为幸福、成功的人，自由地做自己。

从下一章开始，我们会非常具体地讲述如何与孩子建立那样的关系。在这个过程中，我们会给你更多的机会来思考自己的依恋史，及你的依恋史如何影响了你与孩子的互动。

3

不只是头盔和护膝

帮助孩子感到安全

安全

在前面的章节里，我们着重探讨了全面理解自身经历的重要性，以及自身的经历会如何影响你与孩子互动的方式。现在，让我们回到四个"S"的主题上来（让孩子感到安全、被看见、被安慰，以及有保障感），更加深入地了解什么是真正地陪伴孩子。我们需要为孩子做的第一件事，就是保证他们的安全。这就是为什么安全是第一个"S"。

照料者的任务就是保护孩子的安全，这似乎是显而易见的。但在与世界各地的父母交流时，我们发现许多照料者（甚至包括用心的、关注孩子的、显然也想照顾好孩子的父母）并没有深入思考过保护孩子的安全意味着什么。我们在这里谈到的一些内容可能会让你大吃一惊。有些内容甚至会让你感到不舒服。如果我们接下来谈的内容没有让你产生共鸣，或者看起来与你无关，那很好。你可能已经在孩子的生活中建立了安全的基石，这是我们在后面的章节里所说的一切的基础。但是，根据我们作为父母和临床工作者的经验，我们知道许多照料者，甚至我们当中的大多数人，至少有时都会说出或做出一些让孩子感到害怕的事情。我们很快就会解释，当孩子感到某种程度的恐惧或威胁时，他们就不会感到安全。他们的身体和大脑会激活威胁反应，那种反应会带来与安全相反的感觉。所以，当你在阅读这一章时，我们希望你保持开放的心态，看看我们在这里说的是否与你的孩子有关。研究表明，在孩子的生活中，虐待、忽视和其他造成恐惧的童年逆境，比大多数人所意识到的要普遍得多。这意味着，即使你对自己的育儿方法感到自信，你生活中也可能有人（伴侣、家人或照料者）受到过安全根基动摇的影响，或者他们也可能在未来经历这样的事情。我们在本章就要探讨这个问题。

我们先为术语下一个定义。当我们在谈论帮孩子感到安全时，不仅包括身体安全，也包括情绪和关系的安全。举个例子，我们来谈谈凯特琳的故事。她是个五年级的孩子，生活中的一切似乎都很顺利。她健康聪明，父母没有离婚，虽然家庭并不富裕，但他们拥有充足的食物，以及清洁卫生、安全可靠、看似稳定的生活环境，没有任何明显的威胁会伤害她。换句话说，她非常安全，至少从外表看起来如此。

但是，关起家门，凯特琳的世界却截然不同，尤其是当她父亲克雷格在身边的时候。在她的生活中，父亲总是脾气暴躁，经常批评她、发脾气，即使她没做错什么，他也会对她大喊大叫。一些微不足道的小事，比如把运动衫忘在客厅里，或者忘记把餐盘放进水槽里，都会引来父亲的谴责，还常常会让他大发雷霆。甚至当她不小心低声哼唱、自娱自乐，无意间打扰了父亲在周六下午看球赛的时候，父亲也会大发脾气。还有些时候，父亲会对弟弟大喊大叫，而她则在一旁胆战心惊地看着。在父亲心情特别不好的时候，他就会挑剔凯特琳的外貌，对她的衣着甚至体重说三道四。

在这种情况下，明显存在着不同类型的"安全"。虽然凯特琳的基本生理需求得到了照料，但在父亲给予的情感关怀方面，她却根本体验不到安全。她甚至在自己的家里也不能放松。她在情感上显然是不安全的。事实上，就连表达自己的情绪，于她而言都是不安全的。如果她在父亲的愤怒或批评之下哭泣，父亲就会大喊大叫地贬低她："你怎么这么敏感？你又不是小孩子了。"或者，父亲会责备她的情绪反应，对她说："总有一天你得变得坚强。"

即使在这种情况下，依然有一个好消息，那就是有人站在凯特琳身边：她的母亲珍妮弗。虽然在克雷格贬低凯特琳的时候，珍妮弗并不能每次都勇敢地站出来支持她，但珍妮弗的确一直在支持和鼓励女儿。在父亲的怒火中，她是凯特琳的避难所。因此，虽然凯特琳感受到了许多恐惧，但她依然发展出了一定的抗逆力。实际上，她生活中许多方面的情况都还不错：她喜欢学习和交朋友，喜欢参加各种各样的活动。然而，和父亲在一起时的消极、屈辱的经历可能会影响她的整体抗逆力，影响她的神经系统在面对压力、冲突时的激活方式，导致她在面对现在和未来的挑战时容易脆弱。不过，母亲与她在一起的时间最多，她与母亲建立了一种重要的安全型依恋，而这将在一定程度上抵消她在成长中受到的不良影响。相比之下，如果克雷格是凯特琳的主要照料者，那么在这些混乱无序的互动的影响下，凯特琳的发展就可能会受到更严重的影响。

我们在世界各地都见过这样的父母，他们对伴侣的育儿方式感到十分担忧。他们会说"我讨厌我丈夫对孩子说话的方式，他觉得我太溺爱他们了"或者"我妻子根本不懂何谓抚育，她更像个军训教官"。我们也经常听到有些父母说，他们担心另一方大喊大叫、情绪沮丧，甚至过于粗暴地对待孩子的身体，这样会吓坏他们的孩子。我们已经强调过，对于孩子来说，哪怕只有一个照料者能在身心两方面陪伴他们，都能给予他们极大的帮助，我们将在书中进一步讨论这个观点。凯特琳和父母经历了各种各样的事情，其中有好有坏，他们三人之间的多种家庭关系模式在很大程度上说明了安全在关系中意味着什么。

安全：威胁的反面

为了弄清"安全"在安全型依恋中有何意义，我们先从基本的原理开始讲起。安全源于基本的生存，也就是照顾好孩子的各种生理需求：食物、住所和保护。安全也包括整体健康。我们要限制孩子吃快餐，鼓励他们吃蔬菜。我们要确保他们涂好防晒霜、认真刷牙。同样重要的是，我们要保护他们免受身体和情感上的伤害——既包括来自别人的伤害，也包括来自我们的伤害。

我们的孩子知道，保护他们的安全是我们的任务。这是编码于他们大脑深层的期望。如果安全的关系中出现了威胁，孩子的本能会让他们来向我们求助。孩子的基因，以及那些基因塑造的大脑，经过了千万年的演化，让孩子形成了一种深刻、永恒、自动化的信念：照料者的任务是保护他们的安全。因此，当他们面临威胁时，大脑会发出信号，告诉孩子应该立即找到父母或其他依恋对象。大脑的所有注意力、身体的所有资源，都会放在求生、寻求安全这个首要目标上。

在我们漫长的演化史上，哺乳动物一直都是如此。如果丛林中的黑猩猩听到危险的声音，或者看到了掠食者，它的本能反应是立即到依恋对象身边。依恋对象会保护它：抱起它逃跑，或者挡在它与危险之间，与野兽搏斗。当威胁消失的时候，或者发现所谓的危险不过是树枝掉落的声音，照料者就会发出信号，告诉孩子："有我在。你会没事的。你安全了。"

因此，安全是威胁的反面，也是迈向稳固依恋的第一步：照料者要保证孩子的安全，孩子才会感到安全。

> 安全是迈向稳固依恋的第一步：照料者要保证孩子的安全，
> 孩子才会感到安全。

安全是威胁的反面

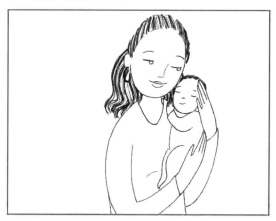

这种安全感源于神经系统对于安全的生理体验，能创造出一种深深的信任感，让孩子在挑战中茁壮成长，发展出良好的抗逆力。所有这一切都始于照料者发出的始终如一的信息：**我在这儿陪你。我会保护你。我是你的避风港，是你能够依靠的安全家园，当你感到害怕或遇上危险的时候，我会一直在这儿保护你。请放心。我会保护你的安全。**

不安全和安全
孩子在这个世界上感到不安全

孩子在这个世界上感到安全

当有危险或者可能发生危险的时候，父母会保护孩子。孩子越是能够相信自己是安全的，他们就越能与父母建立安全型依恋。安全感是我们依恋体验的核心。这种感觉能让孩子感到情感联结与被保护。

> 安全感是我们依恋体验的核心。这种感觉能让孩子感到情感联结与被保护。

不幸的是，并非所有父母都能提供这种安全感。有些孩子觉得在世界上很安全，有些孩子则不然，请想一想他们之间的区别。

安全感在很大程度上影响了我们与周围环境的互动方式，这种影响从生命一开始就出现了。大脑的调节回路主要是在三岁前形成的。从那以后，随着孩子逐渐长大，大脑的前额叶皮质会在童年期和青春期里逐渐成熟，这个过程在很大程度上取决于他是否体验过普遍的安全感。如果没有，他就必须保持高度的警觉并处于焦虑之中，以防危险的发生，并努力保证自己的安全——全靠自己一人的力量。他的大脑必须动用大量的资源来保持高度警惕，检查环境中的危险，甚至还要从照料者的脸上寻找威胁的迹象。反之，如果照料者给了孩子充分的保护，让孩子在世界上感到安全，那么孩子就会知道自己在遇到困难时有人会保护他、帮助他。

这种对于世界的普遍安全感会产生重大的影响。如果孩子相信自己是安全的，而不必担心他必须独自面对威胁，不会始终感到恐惧，那么他就可以把注意力放在更有成效的活动上，而这些活动有助于大脑神经的连接。他可以把更多的时间和资源用于学习，培养社交技能，建立社交网络，追随自己的热情和天赋，学习解决问题、调节情绪，好奇地探索世界。威胁会让大脑提高反应强度，进入求生状态；安全感会让大脑增强接受性，进入学习状态，这也是最有利于发展的状态。

我们希望将孩子的"油箱"填满，从而帮助他们在成长的过程中，始终知道他们在这个世界上是安全的，身心两方面都是如此。虽然世界上的确存在危险，但他们可以面对挑战，变得更加坚强。这种能力就是我们在书中经常讨论的抗逆力。这也是为什么凯特琳的母亲在她生活中的积极陪伴，能够在一定程度上减轻父亲频繁发作的脾气和有辱人格的评论所造成的伤害。我们是否陪伴孩子以及陪伴的质量会对孩子造成许多影响。如果他们知道我们会在他们身边支持他们，他们就会有安全感、信任感，从而减轻他们的压力，并为内在的保障感创造了条件。这就是为什么提供安全感是通往内在幸福感的直接途径。

当孩子感觉安全时，他们内在的资源就会得到补充

当孩子感觉不安全时，这些资源就会耗竭

在提供安全感时，父母的两项主要任务

这里要讲的东西其实很简单。在保护孩子、让他们感到安全这方面，父母有两项主要任务。第一项任务是保护他们免受伤害。第二项任务是避免让自己成为恐惧和威胁的来源。

在保护孩子、让他们感到安全这方面，父母有两项主要任务。第一项任务是保护他们免受伤害。第二项任务是避免让自己成为恐惧和威胁的来源。

我们可以采取很多措施来帮助孩子感到安全，也可能做出相反的事情，让孩子生活在摇摇欲坠、不稳定的基础之上。我们来看看一些不能保护孩子、让他们感到失望的做法。

在最极端的情况下，我们可能没能保护他们免受创伤经历的影响。创伤通常被定义为威胁生命安全的事件，或者破坏我们意义感的经历，也就是说，这些经历破坏了我们对生活本身的理解。因此，以醉酒回家的父亲为例，他回家的时候已经无法维持正常的状态了，即使他没有攻击孩子，也可能会造成创伤事件，因为孩子无法理解父亲的这种陌生的、令人不安的，甚至是可怕的行为。虐待与忽视，尤其是持续的虐待与忽视，是威胁孩子身体安全的最明显的例子，如果不加以干预，这些行为会导致终身的问题，严重影响孩子的生理健康、发展以及他们对依恋和关系的看法。简而言之，孩子所面临的危险会激活威胁反应，以及"战斗－逃跑－木僵－昏厥"的反应——依恋中最致命的问题就是父母成了恐惧的来源。如果这些危险反复出现，而孩子没能得到另一个照料者的保护，那么这种反复出现的经历就可能导致前一章所说的混乱型依恋。实际上，研究已经发现，混乱型依恋会导致许多令人不安的后果，包括自我意识破碎、情绪调节困难、亲密关系问题、在挑战或压力下产生解离或意识不连贯的症状，以及在压力下难以清晰地思考。由极端发展性创伤导致的混乱型依恋，可能会让孩子无法正常生活，即便有其他形式的安全因素也于事无补。

即使父母适当地监管孩子，并且给予孩子可靠的保护，孩子也可能会遇到创伤事件，而这些事件不是由父母造成的。不幸的是，孩子在我们的世界里会遇上年龄较大的孩子、青少年或成年人，他们中的一些人可能会利用信任的关系来虐待我们的孩子。我们要对这种可能性保持开放的态度，这就意味着主动思考孩子可能会遇到的情况，观察孩子行为上的任何改变，因为这些变化可能表明，孩子在你的照料之外遇到了一些令人不安的事情。研究表明，如果你是一个可靠的依恋对象，那么当某些与依恋对象无关的创伤发生时，你就能充当孩子的一个重要的安全基地。重要的是要知道，如果你的孩子的确遇到了创伤事件，有专业人士可以帮他处理创伤，提供能够支持他的干预。

为了帮助你了解早期创伤的影响有多大，我们想向你介绍"童年逆境研究"（Adverse Childhood Experiences study），这是美国疾控中心与凯撒永久医疗集团（Kaiser Permanente）进行的一项长期合作研究。自 1994 年以来，超过 15 000 名成年人接受过有关童年逆境的访谈。研究结果让人感到既有趣又沮丧，因为研究者惊奇地发现，重大的童年压力实在是太普遍了，而且早期创伤和其他负面经历与众所周知的健康风险因素有着密切的关系，这些因素包括吸烟、酗酒、肥胖以及致人死亡的主要疾病等。我们在这里只能概述童年逆境研究，但如果你对此感兴趣，或觉得这些研究与你的生活有关，那么我们鼓励你了解更多的有关信息。

研究者向被试询问了以下 10 种在孩子成长过程中非常普遍的童年逆境。

- 虐待：情感
- 虐待：躯体
- 虐待：性
- 忽视：情感
- 忽视：躯体
- 家庭问题：家庭暴力
- 家庭问题：物质滥用
- 家庭问题：精神疾病
- 家庭问题：父母分居或离婚
- 家庭问题：亲属服刑

当然，这10项内容没有包含孩子所面临的所有不良经历。这个清单不包括的内容有：在充满暴力的社区中成长、目睹暴力事件、在不健康的寄养家庭生活、父母一方患有慢性疾病、经历父母或兄弟姐妹的死亡，等等。尽管如此，对这10项内容的研究还是取得了丰硕的成果。在考察这些因素时，研究者发现，这10种童年逆境不仅非常常见，而且它们之间也具有高度的相关性。如果你有一种童年逆境，就可能遇上其他的情况。此外，值得注意的是，该研究表明，**在没有干预的情况下**，累积的童年逆境得分可能会导致持续终生的消极影响。

一个人的童年逆境得分就是他经历了多少种童年逆境。0分意味着这个人自述没有经历过任何属于这些类别的童年逆境。假如，他自述经历过躯体虐待、情感忽视，也经历过家庭暴力，那么他的童年逆境得分就是3分，因为他自述有过三种经历。

关于这个分数，最值得注意的一点是，它揭示了研究者所说的"童年期压力源的累积生物学效应"。通俗地讲，这个概念指的是一个人的童年逆境得分与他的大脑和身体功能之间的关系。童年逆境得分很高可能对社会性发展、情绪发展、认知发展等方面造成消极影响，也可能会导致健康风险、残疾、疾病甚至夭折。请注意这个结论的含义：如果孩子经历了多种童年逆境，这些逆境就不仅仅是他们生命中孤立的痛苦事件了。相反，这些童年逆境会破坏神经发育，对儿童的整体健康、社交能力、应对逆境的能力、整体生活质量，甚至预期寿命都会产生终身的影响。童年逆境得分越高，孩子面临的总体挑战就越大，对发展的影响也越大。

再次强调，很重要的一点是，这项研究考察的是整体影响。对于那些接受过专业护理，得到过父母的支持的孩子来说，这项研究既没有考察他们是否学会了克服逆境，也没有考察他们是如何学着克服逆境的。如果你想了解如何帮助那些经历过许多逆境的人，我们推荐你阅读娜丁·伯克·哈里斯（Nadine Burke Harris）的著作《深井效应》（*The Deepest Well*）。这本书表明，即使是严重的创伤也有克服的可能。因此，虽然我们应该努力预防创伤，但我们有充足的理由感到乐观，因为这些消极影响可以通过干预来改善。

这项研究的一个主要结论是，深入了解童年逆境十分重要，因为这样有助于解决和预防一些当今社会面临的最糟糕的健康和社会问题。此外，教育工作者、儿童保育工作者、医疗保健提供者以及其他专业人士需要了解创伤，从而理解创伤对行为、身心调节和学习等方面的影响。这样一来，他们就能更好地理解那些具有挑战性的行为的孩子，对其实施恰当而有益的干预措施。不幸的是，如果缺乏对于创伤的理解，父母、学校、组织及专业人士可能会对创伤引起的行为和反应做出不良的回应，从而给孩子带来更多的恐惧，造成更大的伤害。

> 教育工作者、儿童保育工作者、医疗保健提供者以及其他专业人士需要了解创伤，从而理解创伤对行为、身心调节和学习等方面的影响。这样一来，他们就能更好地理解那些具有挑战性的行为的孩子，对其实施恰当而有益的干预措施。

更重要的是，作为父母，我们所要做的就是尽可能地预防童年逆境的发生。从许多方面来看，这就是安全的意义。再次强调，童年逆境研究取得了极有启发性的发现，但这项研究没有包含那些接受过治疗性干预的人，也没有考察积极的童年经历。因此，与其感到绝望，我们更应该受到这些发现的鼓舞，尽量减少儿童发展中的逆境。尽管如此，当童年逆境的确发生的时候，我们应该加强积极的、支持性的关系，并提供减少孩子应激反应、提高孩子调节技能的干预措施，从而减轻逆境的影响。

我们怎样才能最好地做到这一点？提供安全型依恋。你可以看出，如果父母没有很好地陪伴孩子，给予敏感的、稳定的关爱，会造成多么大的伤害，甚至更糟的是，如果父母成了孩子的危险乃至恐惧的根源，那后果就会更加严重。还要请你记住的是，只有一些童年逆境属于虐待的范畴。孩子会受到各种负面经历的影响，包括童年逆境研究列表中没有包含的其他经历。

举个例子，蒂娜曾在几年前与一个家庭一起工作过，不幸的是，这个家庭所面临的情况比你想象的要常见得多。这对父母刚刚离婚，而母亲有酗酒的问题。如果儿子在母亲的公寓里，而母亲又在喝酒，她就常常会失去控制，对儿子愤怒地大喊大叫，让儿子感到惊恐不已。更糟的是，当儿子说他很害怕，要求给父亲打电话的时候，母亲非但不让他打，还变得更加可怕。这种恐惧造成了我们之前讨论过的生物学悖论，也就是说，本应保护孩子免于危险的父母成了危险的来源。文献中称这种悖论为"无路可逃的恐惧"，这种情况会造成严重的情感伤害，产生混乱型依恋模式。请注意，这里的主要问题在于，一组相互连接的神经回路却发出了两种相反的命令——哺乳动物的依恋系统坚持要求孩子接近依恋对象，而另一组神经回路（更原始的、爬行动物的威胁 - 生存反应系统）则在大声尖叫："离威胁远一点儿！"一副躯体接受了两种相互矛盾的趋避命令。对此，并不存在有规律的解决之道，因此孩子的心理会变得支离破碎。他的大脑会变得混乱不堪，不知道该如何处理这种"无路可逃的恐惧"以及不可调和的神经状态。

无论在什么时候，只要父母有物质滥用的问题，他们就可能让孩子陷入危险：要么对孩子疏于保护，要么主动对他们造成伤害。事实上，许多学校不得不每年都进行干预，因为常有参加了拼车互助圈的家长，在明显正受着某种药物影响的状态下，开车来接孩子。如果你怀疑自己有成瘾问题，我们建议你向专业人士求助，立即处理这个问题，即便不是为了你自己，也是为了你的孩子。物质滥用是照料者在执行两大主要任务时渎职的一种情况：他们本应保护孩子，避免自己成为恐惧的来源。

显然，虐待或忽视也是渎职。（事实上，忽视是最常见的童年创伤。）如果上述内容听起来很耳熟，或者你意识到你自己（或其他人）正在伤害孩子，导致他们童年逆境的得分上升，我们强烈建议你去寻求帮助。你可以先向一个值得信任的朋友求助，如果有必要的话，再向咨询师、治疗师或医生求助。你爱自己的孩子，也不想对他们的发展造成消极的影响。但为了保护孩子，你可能需要一些帮助，无论是他人的帮助，还是你的自助。一般而言，虐待或忽视孩子的父母，自身往往也有创伤和遭受虐待的经历。因此，重要的是鼓起勇气，先治愈自己，以便成为理想中的父母，成为孩子安全感的来源，而不是恐惧的来源。

> 如果你怀疑自己有成瘾问题，我们建议你向专业人士求助，立即处理这个问题，即便不是为了你自己，也是为了你的孩子。物质滥用是照料者在执行两大主要任务时渎职的一种情况：他们本应保护孩子，避免自己成为恐惧的来源。

丹尼尔与玛丽·哈策尔合著的《由内而外的教养》能很好地指导你采取必要的步骤，理解自己的生活，并解放自己，让你在内心深处成为自己真正想要成为的父母。仔细想想，如果你拥有成熟的"楼上脑"，拥有完整的自我意识，能够深刻地反思自己的心理活动，并且拥有感知和尊重他人内心世界的共情能力，那将会是一番怎样的景象。健全、整合的大脑状态会产生两种功能：洞察力和共情能力。在虐待或忽视的情况下，父母身上存在着严重的问题，这些问题要么是他们习得的行为，要么是他们与人相处的策略，无论如何，他们都严重缺乏共情能力与同情心。他们可能也缺乏洞察力。我们希望你能相信，我们生来都有爱与关怀的能力，但我们当中的许多人不得不学着适应缺乏理想依恋关系的生活。反思生活中所发生的事情，通过自我理解来启动修复的过程，培养对自己的关爱之心，这一切从什么时候开始都不算太晚。

> 我们生来都有爱与关怀的能力，但我们当中的许多人不得不学着适应缺乏理想依恋关系的生活。反思生活中所发生的事情，通过自我理解来启动修复的过程，培养对自己的关爱之心，这一切从什么时候开始都不算太晚。

多年以来，我们与许多人一起工作过。从我们的经验来看，由内而外的疗愈能让建立理想的关系成为可能，这往往是人们所渴望的关系，甚至是他们不曾想象过的关系。我们曾与许多成年子女及其父母一同工作，帮助这些家庭从可能延续数代之久的隔阂中解脱出来，重建联结。在这些工作中，我们都曾见过那样的疗愈的过程。

还有哪些做法是对孩子保护不周

除了虐待和忽视，还有其他形式的童年逆境能够影响孩子和他们的发展。即使你确信自己没有用极端的方式伤害自己的孩子，也请思考一下，孩子是否会在更常见的家庭互动中受到威胁，感到恐惧。例如，有时父母会在孩子面前产生激烈的冲突，互相大喊大叫，进行言语、情感和身体上的攻击。如果孩子反复目睹这类冲突，那父母就会成为他恐惧的来源，这可能会破坏他安全型依恋的发展。事实上，近年来的研究表明，如果婴儿的父母用孩子听得到的声音进行愤怒的言语交流，即使孩子在睡觉，在他大脑中的情绪、应激反应和调节功能区里，神经反应也会增加。他在生理层面上感受到的是威胁而不是安全。这并不意味着你和伴侣永远不能争吵。冲突是不可避免的，如果处理得当，甚至也是健康和必要的。请关注你的孩子，并留意家里的成年人是如何处理冲突的，留意这些父母的互动会对孩子产生什么影响。父母应该保护孩子免于接触缺乏尊重的可怕冲突。如果你与对方太过生气，无法用安全、有礼貌的方式讨论问题，那最好等到你们足够冷静时再处理，或者至少不要在孩子身边处理问题。

还有很多其他的经历，虽然不会导致混乱型依恋，但也会让孩子难以在世界上感到安全。例如，如果孩子接触到他们当前发展阶段无力处理的现实，就会造成伤害。电影、电子游戏、照片和社交媒体都可能展示过于敏感的内容或图像，伤害我们的孩子，因为孩子并没有准备好接触这些信息，他们年幼的心灵还无法用健康的方式对其进行加工。显然，并非所有的媒体都是有害的，但可怕的画面、理念、主题可能会让孩子不堪重负，不适合他们发展阶段的性内容也会让他们感到不够安全、缺乏保障。同样的道理也适用于其他孩子和哥哥姐姐讲给孩子的故事，以及他们在学校目睹或亲身经历的霸凌事件。

父母在无意间就会让孩子感到不安全：
接触可怕的父母冲突

我们自己也会惊吓孩子

接触不合适的理念与画面

即使父母没有对孩子的身体施加暴力，但如果他们为了管教孩子或迫使孩

子合作而羞辱孩子、对他们大喊大叫，或者使用恐惧的策略来故意吓唬孩子，必然也会破坏孩子的安全型依恋。或者，如果他们制造了充满紧张和愤怒的局面，比如离异父母碰面的情景，一方把孩子"丢给"另一方，让互动充满了对立与敌意，此时孩子也会感到很不安全。如果父母中的一方对另一方怒气冲冲，反应激烈，批评对方，要求孩子在他们之间做出选择或站队，或利用孩子来相互传达或转述成年人之间的消极信息，就会造成孩子无法改变或逃避的强烈应激状态。在这些情况下，父母非但没有努力在孩子最需要的时候建立并强化稳定感，反而可能在无意间削弱了孩子感到安定和安全的能力。上文提到的凯特琳与她父亲的经历，就很好地说明了父母的行为会如何破坏孩子的安全感。

这些经历虽然不像虐待那样极端，但在很多家庭中都非常常见，远比人们意识到的要多。虽然这些压力源不一定会导致混乱型依恋，但它们依然会激活威胁反应，破坏安全感与保障感。因此，这些行为与父母的两项基本任务是不相符的。如果你任由孩子感到恐惧，或者亲自在孩子的心中制造恐惧，而没有为他们带来安全感，那你不仅伤害了你的孩子，也破坏了你们的亲子关系。

过度保护并非解决之道

话虽如此，有时我们作为父母，会非常担心孩子遇到不好的事情，所以我们会试图通过压迫性的过度保护来控制我们自己的恐惧。请注意不要矫枉过正。孩子可以接受适度的自由和挑战。忍受挫折，克服障碍，努力想出问题的解决之道——通过这种方式，孩子才知道自己能够克服障碍。在面对并克服困难的时候，他能够了解自己的能力。克服困难之后，他就会变得更坚强，更有抗逆力。

> 孩子可以接受适度的自由和挑战。忍受挫折，克服障碍，
> 努力想出问题的解决之道——通过这种方式，孩子才知道自己
> 能够克服障碍。

事实上，有时善意的行为也会削弱孩子与世界互动的能力。几年前，蒂娜与一位名叫汤姆的年轻父亲一起工作过。汤姆是个单亲父亲，在抚养三岁的女儿艾米丽时，他非常认真、用心。他去找蒂娜是因为艾米丽开始出现焦虑的迹象了。艾米丽不喜欢外出到餐厅吃饭，她害怕电影院，体操课的蹦床也让她感到紧张。最让艾米丽害怕的是上幼儿园，如果汤姆找到了合适的幼儿园，那她到秋天就该去了。

汤姆向蒂娜解释说，他谨慎地为艾米丽挑选最好的幼儿园，但一直未能做出决定。在与蒂娜的咨询中，尽管最初的工作重点是理解女儿的焦虑，找到更好的方法来帮助艾米丽调节情绪、培养技能，但在每一周，汤姆都会给蒂娜讲他参观并调查某所幼儿园的辛苦。他找不到合适的幼儿园，因为每所幼儿园都有他无法接受的严重问题。其中一所"化学药物的味道太浓"。另一所则允许孩子把薯片和其他垃圾食品带去当作零食。（"这你敢信？"）有一所幼儿园给孩子的户外活动时间太长了，尤其是考虑到艾米丽有很多过敏症，因此不合适。（"如果她在草地上打滚，那她身上一整天都会很痒。"）还有一所幼儿园的课程里的游戏太少。

关于艾米丽未来的幼儿园以及汤姆的育儿决定，蒂娜与汤姆聊得越多，她就越发觉得艾米丽的恐惧和焦躁不是需要解决的主要问题。很明显，问题的症结在于汤姆的焦虑。当然，汤姆是出于好心。他只想把最好的东西给女儿——最健康、最卫生、最安全、最多元化、充满音乐的环境。很明显，在选择适合孩子的幼儿园时，尊重自己的价值观、关注自己首要关心的问题并没有错。但是，汤姆担心的是，他不能把所有最好的体验都给女儿，其实他这是在向女儿传达自己的焦虑和不安。艾米丽受了什么影响呢？她相信学校是可怕的地方，里面充满了危险。她担心不好的事情可能会发生。她也变得过度焦虑了。她没有信心去探索周围的世界，而是觉得必须待在父亲的身边。汤姆没有给女儿带来抗逆力和力量的安全感，而是让她安全感的根基变得摇摇欲坠。也就是说，艾米丽缺乏体验新情境的意愿与能力，因为这些新情境在她看来是有威胁的。

　　还有一种过度保护孩子的情况，那就是我们觉得自己有必要在困难的时刻拯救他们。这不是我们说的保护孩子的安全。事实上，为了让孩子安心地探索世界、与世界互动，我们需要让他们偶尔遇到困难，是的，甚至还要让他们遭遇失败。在他们小的时候，这可能意味着我们要看着他们艰难地穿上鞋，笨拙地打开酸奶的盒子，同时控制住自己上前帮忙的冲动。

不要急于拯救你的孩子……

要在他们遇到困难时给予支持

　　如果我们抑制住自己拯救孩子的冲动，克制帮他们完成困难任务的想法，

我们就会向他们表明，我们相信他们能做到，也会让他们知道，他们能自己完成这些任务。他们在做这些事情的时候会感到安全。但如果我们总是介入并替他们做事，就剥夺了他们发展这些重要能力的机会。

> 如果我们抑制住自己拯救孩子的冲动，克制帮他们完成困难任务的想法，我们就会向他们表明，我们相信他们能做到，也会让他们知道，他们能自己完成这些任务。

对年龄大一些的孩子也是如此。想想在学校被同龄人冷落的常见经历吧。你三年级的女儿回家之后心情沮丧，因为她想和其他女孩一起玩，却遭受了排斥。此时你可能想要打电话给其他女孩的父母，让他们鼓励自己的女儿更包容一些。或者，如果你六年级的儿子没能入选篮球队，你可能想给教练打个电话，解释你儿子在选拔那天的投篮没发挥好。这不是真正地保护孩子的安全。此时此刻，你应该让女儿看到社会关系中可能有艰难之处；或者你应该让儿子明白，有时即便我们努力了，也可能不会成功。

不要急于拯救你的孩子……

要在他们遇到困难时给予支持

可以肯定的是，你应该给予孩子情感陪伴，你甚至应该支持他们，帮助他们解决问题。这是帮他们建立保障感的重要一步，因为他们知道你会在那儿支持他们。但是，这不意味着你要阻止所有问题的发生，或替他们解决所有问题。相反，你要陪伴他们度过痛苦的时刻，帮助他们看到他们的力量足以解决困难，走出困境。这样他们才会知道冒险是安全的。

显然，这不是说我们要让孩子去做超出能力范围的事情。孩子要做哪些事情，完全取决于孩子的气质和发展阶段，以及他在这个时候已经承担的压力大小和做出的改变程度。一个害怕的八岁孩子，第一次在别人家过夜的时候，可能需要你在半夜把他接走。换句话说，此时可能不该让他忍受痛苦。同样地，如果孩子与老师产生了矛盾，有时你可能也需要站出来为他说话。在《如何让孩子自觉又主动》中，我们用了一整章的内容探讨如何弄清孩子在不同情境下需要我们做什么，无论是需要我们的督促还是协助。有时他们需要督促（我们会让他们面对挑战，去做一些他们认为自己做不到的事情），有时他们需要一些协助（我们会介入他们的困境，提供帮助，因为他们无法独立处理某种情况）。

有时孩子处理问题的能力强于其他时候。我们处理问题的能力并非总是固定的。想想你自己的耐心吧——有时你很有耐心，有时你缺乏耐心。孩子也是一样。在某些情况下，孩子能面对重大的挑战，而有时他们几乎无法克服微小的障碍。当困难情境的要求超出孩子的能力范围时，他可能会崩溃，或者用适应不良的、有问题的方式来做事。如果他的能力远远超出困难情境的要求，他就能很好地解决问题。

有时孩子的能力足以应付困难情境的要求

有时孩子的能力不足以应付困难情境的要求

所以，我们要分清安全与拯救之间的区别。找到安全感的方法是让孩子迎接挑战，甚至失败。夏令营就是一个很好的例子。蒂娜有三个儿子，多年来，他们每年夏天都会去齐佩瓦夏令营，那是位于明尼苏达州北部森林的探险与户外冒险的男生夏令营。蒂娜如此热衷于夏令营的原因之一是，夏令营让孩子有机会经历困难与失败，面对日常生活中难得一见的挑战，如果孩子能得到足够的支持、鼓励和乐趣，他们就会坚持不懈。尤其是当孩子进入青春期的时候，他们希望能够挑战自己的极限。在夏令营，他们可以在成年人的监督下迎接大自然的挑战（不是开汽车或参加聚会的挑战），在积极、有助于成长的环境中证明自己，从而提高他们的知识技能与成就感。这就意味着，他们不太可能在家里用更危险、更具破坏性的方式来挑战自我。

关于这个问题，我们最后再说一点：像以往一样，请记住，不同的孩子对风险的耐受度，以及面对困难的能力与意愿是不同的。有些孩子有闯劲，甚至乐于面对困难或新任务。还有些孩子不喜欢冒险，冒险或未知事物让他们感到非常不安。请记住，每个孩子都是不同的。在每种情况下都要谨慎判断，对你独一无二的孩子来说，怎样选择才能最好地保证他们的安全，同时也能让他们成长，让他们知道自己能做的比想象中的更多。

> 请记住，每个孩子都是不同的。在每种情况下都要谨慎判断，对你独一无二的孩子来说，怎样选择才能最好地保证他们的安全，同时也能让他们成长，让他们知道自己能做的比想象中的更多。

你能做什么：提高孩子安全感的策略

策略 1：首先，不要伤害孩子

提高孩子安全感的策略 1 很简单，但要总能做到并非易事：承诺你不会成为家里的恐惧之源。父母可以用无数种方式表达威胁，其中有许多方式都不会被认为是虐待。吼叫、威胁、羞辱、打屁股、反应过激，甚至特定的面部表情都会让孩子感到害怕。你可能从来都没想过，在你不高兴的时候使用这些表达方式是否合适。但在读过这一章后，你可以在生气或沮丧时想想，孩子对此有什么感觉。

例如，请想象你是一个三岁男孩的父（母）亲。儿子在幼儿园里一般都很平静，但对你却越来越凶。他还会打你，有时是因为你拒绝了他，有时却似乎毫无缘由。对于疼痛，你自动化的生理和情绪反应是立刻感到愤怒，这也是可以理解的。你可能想要保持冷静而有爱心，但挨打是会疼的，更不用说儿子还无视了你不许使用暴力的教导，这更令人沮丧了。

当了父母，就会有愤怒和沮丧的时候。据我们所知，这些情绪是不可避免的，也不应避免。情绪本身是好的，甚至是健康的。但是，如果我们不小心，我们处理情绪的方式就可能让孩子感到威胁。重要的是，在我们的神经系统进入所谓的高度唤醒状态时，我们应该注意自己对于这些情绪的反应。在我们情绪失控的时候为孩子提供那四个"S"可不容易。其原因在于，此时我们神经系统的任务是保护我们，这通常意味着要么准备战斗，要么逃跑，要么陷入不知所措的状态。此时不但做不到四个"S"，反而会优先去做四个"F"，因为你的身体正在准备战斗（fight）、逃跑（flee）、木僵（freeze）或昏厥（faint）。你的这些反应并不能让孩子感到安全。

相反，作为父母，当我们感到神经系统进入高度唤醒的状态时，我们要予以高度的关注，这是很重要的。

> 作为父母，当我们感到神经系统进入高度唤醒的状态时，我们要予以高度的关注，这是很重要的。

今天上午，这是你三岁的儿子第三次打你，你感觉到大腿上的刺痛，你的身体会发出各种信号，告诉你马上就要情绪爆发了。你的牙齿咬紧了，眼睛睁大了。你知道这种感觉。

在这种高度情绪化的时候，简单地告诉自己冷静，可能效果并不好。从一数到十是你听说过的另一种策略，这可能有用，也可能没用。这些技巧都是从"楼上脑"开始做工作的，对有些人可能是有用的。然而，对大多数人来说，用这种"自上而下"的方法来恢复平静不那么有效，这主要是因为情绪产生于身体和"楼下脑"。

因此，许多人发现当他们处于失控的边缘时，采用"自下而上"的方法来帮助他们改变情绪会更有用。例如，他们可以做一次深呼吸，让呼气的时间长于吸气。或者他们可以检查自己身体的姿态，留意强烈的情绪状态在四肢上产生的僵硬感。有些人觉得把一只手放在胸口，另一只手放在肚子上，就那样放一会儿，就能产生平静的效果。关于这些自下而上的技巧，已经有许多文献进行了讨论，而且还有无数其他策略。这里的关键是，在你发现"楼下脑"和神经系统被激活的时候，要找到一种方法来处理自己的情绪，让"楼上脑"回到平衡的状态，这样孩子就不会把你当成威胁了。

> 在你发现"楼下脑"和神经系统被激活的时候，要找到一种方法来处理自己的情绪，让"楼上脑"回到平衡的状态，这样孩子就不会把你当成威胁了。

你无法保护孩子免受所有可能的危险。你只能尽力保护他们的安全，但他们依然会经历可怕和痛苦的事情。你要避免让自己成为恐惧和痛苦的来源。

策略2：修复，修复，修复

尽管你已经努力不去伤害孩子，但有时你会做出你不喜欢的行为。世上并不存在所谓的完美父母，而你在与孩子相处和管教孩子的时候肯定会犯下许多错误，就像我们所有人一样。关于某些经历对孩子的伤害，我们已经在本章中说了很多，我们希望你能仔细考虑如何在孩子的世界与心灵中创造更大的安全感。我们还希望你能回想一下，过去可能由于你的音量过大、措辞不当、表情可怕或者粗暴对待他们的身体而吓到孩子的时候。每当我们进入反应过激的状态时，尤其是这种状态让孩子感到害怕时，我们应该尽快修复亲子关系。

为了给孩子创造安全感、培养归属感，这是我们的第二个建议：要知道，即使你在受到威胁的大脑状态下对孩子做出了回应，你依然可以修复关系中的裂痕。这样一来，你就能为孩子提供各种宝贵的体验，即使你的表现并不如意。

> 即使你在受到威胁的大脑状态下对孩子做出了回应，你依然可以修复关系中的裂痕。这样一来，你就能为孩子提供各种宝贵的体验，即使你的表现并不如意。

我们在此讨论的并不是虐待或忽视，而只是那些你犯错的时候。我们都会犯错。也许你在情急之下发了脾气，完全被情绪反应所控制了，以至于你与乐于接纳、整合能力强的"楼上脑"失去了联系。在那时，你可能会说一些荒谬的话，用不必要的高嗓门喊道："够了！下次再有人抱怨自己在车里的座位，我就让他整个星期都睡在后座上！"或者，你九岁的孩子去上学的时候，一路上都噘着嘴，因为你在她临走的时候说："谢谢你毁了我整个上午的心情，我希望你今天能过得愉快！"

显然，这些都不是优秀的育儿案例，但这些事情很常见。我们可以坦诚地把这些事讲出来，这样我们就能发现它们，并减少这些事情在我们的亲子关系中发生的频率和强度。我们在难过的时候会发脾气，有时我们情绪失控的时候，甚至都不知道发生了什么。当我们感受到威胁的时候，"战斗－逃跑－木僵－昏厥"的反应状态就会迅速出现。这种"不过脑子"的状态让我们无法对自己和孩子身上发生的事情保持开放和接纳的态度。具有讽刺意味的是，如果我们不能保持冷静，我们就会加剧孩子的痛苦，而他们的痛苦可能就是最初让我们反应过度的原因。没有"楼上脑"的反思，你就会继续用这种反应过激、"不过脑子"的状态育儿，而意识不到你需要做修复工作——首先修复自己的内心，然后修复你与孩子的关系。如果你像大多数关心孩子的父母一样，那么当你没有按照你理想中的方式处理事情的时候，你可能会苛责自己。

从好的一面来看：对孩子来说，在你情绪失控之后，如果你能修复关系，那些经历就不一定是坏事。降低这种事情发生的频率和强度是必要的，而好好地修复关系是至关重要的。事实上，即便是你犯下的错误，也能用来培养孩子的安全感，增强亲子之间的情感联结。

该怎么做呢？这些不完美的育儿反应给了孩子处理困难情境的机会，他们可以因此培养出新的技能——比如学会控制自己，即使父母在这方面做得不是很好。然后，他们会看到你回来向他们道歉，与他们和好。这样一来，他们也能学会容忍关系的破裂，允许关系的修复。只要你能在事后采取行动修复关系，并在当下做出有效的回应，你就可以放松一些，不必苛责自己。要知道，即使你希望自己可以用不同的方式来处理这件事，这段经历对孩子来说仍然是有价值的。

我们想再说一遍，虐待，甚至是过于严厉的教养，显然不属于我们这里所

说的情况。如果你严重地伤害了亲子关系，没能保护你的孩子，惊吓或伤害了孩子，那么这种经历显然对你们双方都不再有价值了。事实上，在那种情况下，最重要的是寻求你和孩子都需要的帮助，去改变家里发生的事情，让你们两人都能疗愈创伤。但是，如果你只是处事方法不好，就像我们很多人一样，那么你就可以利用这些时刻，为你们的关系做一些有启发性、有意义的事情。在冲突之后修复关系的裂痕是至关重要的。在你把事情搞砸之后，要提醒自己什么是最重要的——你与孩子的关系，然后与孩子和好。

> 在你把事情搞砸之后，要提醒自己什么是最重要的——你
> 与孩子的关系，然后与孩子和好。

如果有必要，请向孩子道歉，然后再一起开怀大笑。孩子越早知道你们之间的一切已经恢复正常，你们的关系就能越快地开始成长和深化，而他也能更早地感觉安全，知道强烈的情绪不会长久地破坏你们的关系。这种修复的行为会告诉孩子："我们之间可能会有矛盾，但你不会失去我的爱。我会一直在你身边。无论发生什么，我都会一直陪着你。"

策略 3：帮助孩子在避风港里感觉舒适

最后一个促进安全感的策略，就是为孩子创造一种"在避风港里感到舒适"

的体验。即使你有时会犯错误，做出过激的反应，你仍然可以在家里为孩子创造一个安全幸福的整体环境。

> 即使你有时会犯错误，做出过激的反应，你仍然可以在家
> 里为孩子创造一个安全幸福的整体环境。

你可以这样想：船在出海之前，必须加固船体，系紧风帆，配备充足的补给品，这样才能具备适航性。这种准备工作需要在避风港中进行，这个港湾能保护船只免受未来旅途中变幻莫测的风浪的伤害。环绕四周的避风港保证了船只的安全，让船与外部世界隔离开来。

你就是孩子的避风港。

虽然父母难免会偶尔给孩子带来痛苦，掀起风浪，给孩子带来恐惧和困惑，但身为父母的你可以通过开放的对话，建立亲密的情感关系并进行交流反思，从而教会孩子经受住这些风浪的考验的方法。当船只在海上遭遇风暴的袭击时，它就需要寻找避风港，以便进行修理，重新补充食物和淡水，为下一次冒险做准备。进行反思性的对话，承认恐惧或困惑这样不舒服的状态，就能让你的孩子理解这些状态。通过这样的方式，你可以告诉孩子你是他们的避风港，他们可以一遍又一遍地回到你这里重整旗鼓，恢复平静的心情和清晰的头脑，以便再次闯荡世界。你就代表了安全。

成为孩子可以返回的避风港

当你在选择如何回应孩子的某种状态时，你要记住这种"在避风港里感到舒适"的体验。如果你不善于处理痛苦的感受，你的孩子就会逐渐明白，你不能安慰他、看见他（这是我们接下来会探讨的两个"S"），这样一来，他也很难发展出第四个"S"，即安全型依恋的总体保障感。成为避风港，意味着只要孩子感觉到恐惧，无论是外在世界造成的，还是你无意间的行为造成的，你都会保护孩子。如果你是关系破裂的原因，修复关系就是至关重要的。借助这第三种策略，你就能通过多次、让人放心的交流创造避风港。在那样的交流中，你实际上告诉了孩子："无论你的痛苦或恐惧来自何处，你都可以相信我能为你提供避风港，来保护你免受生活中的可怕风暴的侵袭。"

陪伴自己

在本章以及之后每一章的结尾，我们都希望给你一个机会来思考并运用你所读到的内容。你不仅要将其应用在孩子身上和亲子关系上，还要应用于你自己身上。促进健康的亲子依恋当然很重要，但正如我们在前一章所讲的那样，反思我们与自己的照料者的经历同样重要。

读完本书的开篇几章，当你想起从父母那里得到的安全型依恋时，你可能会产生感激之情。如果他们把这份礼物给了你，那么陪伴你的孩子，帮助他们感到安全就容易多了，你甚至可能会觉得这个过程相当自然。

然而，如果你小时候缺乏促进安全型依恋的经历，阅读这些内容可能会产生痛苦的情绪。如果你的照料者是你恐惧的来源，或者他们没能在你害怕的时候保护你，那么你可能会意识到这一切（陪伴孩子）对你来说有多艰难。你可能正在思考并试图理解，你现在为什么难以为孩子提供这样的经历。在这一章中，我们着重强调了"安全"这个帮助孩子形成安全型依恋的因素。接下来，你还会看到所有这些"S"是如何相互关联的。你可能会发现，在你的童年里，四个"S"中的一种或多种因素都是缺失或不足的。我们会讨论这种情况曾如何影响了你的发展，并且现在可能如何影响你与孩子的关系。

因此，更重要的是，你不仅要花时间反思你与孩子的关系现状和理想中的关系，思考这里讲述的做法背后的科学道理与哲学理念，还要反思你早年与自己的照料者的经历。这样你才能更清楚你现在的情况，从而成为孩子更好的父母——为他们提供安全和保障的父母，帮助他们做好准备、走向世界的父母。

> 不仅要花时间反思你与孩子的关系现状和理想中的关系，
> 思考这里讲述的做法背后的科学道理与哲学理念，还要反思你
> 早年与自己的照料者的经历。这样你才能更清楚你现在的情况，
> 从而成为孩子更好的父母——为他们提供安全和保障的父母，
> 帮助他们做好准备、走向世界的父母。

请将这一点记在心里，再回顾一下上一章所讲的依恋类型，想想你与自己的父母在一起的经历，尤其要想想你对于安全的感受。你与父母的关系更像是导致忽视型成人依恋策略的回避型依恋吗？如果是这样，父母可能从不鼓励你去求助，也不鼓励你分享自己的感受，而你可能也学会了隐藏自己的感受，甚至连你自己都不知道自己有何感受了。如果你与父母的依恋关系更像所谓的矛盾型依恋（这种依恋类型会导致痴迷型的成人依恋策略），那么你和父母的情感和关系可能并不稳定，而平静的状态可能也不会持久，甚至你们的亲子关系有时会让你感到侵扰和困惑。在与他人的交往中，你必须时刻保持紧张，对关系感到不确定，也不确定你在关系中的需求何时能满足。如果你与父母的依恋经历与安全型差得更远，那么这些经历可能已经为你带来了混乱与不可预测的感觉，随之而来的就是混乱型的依恋关系。这样一来，即使是最基本的关系互动有时也会让你不知所措，给你带来一种无法应对的恐惧感。这种情况绝对是与安全的需求背道而驰的。

这里有几个问题可以帮你更清楚地理解这些经历，以及在你为人父母之后，

这些经历又可能会造成什么影响：

⊙ 从哪些方面来看，你的父母或其他照料者曾让你感到安全？你在哪些方面感到不安全？请回想自己身体、情感、人际关系等各方面的体验。

⊙ 你觉得父母保护过你吗？他们在哪些方面做得很好？他们在哪些方面做得不好？

⊙ 你害怕过你的父母吗？你父母曾经是你恐惧的来源吗？

⊙ 你希望父母用哪种不同的方式来回应你？对你来说，怎样才能让你感觉最安全？

⊙ 在你家里或家庭以外，有没有你可以求助的人，有没有人能做你安全的避难所？

⊙ 当你想到孩子因为你的行为和反应感到害怕的时候，你有什么感觉？你在什么情况下会情绪失控？

⊙ 孩子在与你闹矛盾之后，心情沮丧地来找你时，你觉得他（她）希望你做出什么样的回应？你能做出哪些改变？

⊙ 在你的成长过程中，当关系产生细微或严重的裂痕时，你的家人都是如何修复关系的？现在作为父母，你是如何主动修复关系的？

我们知道，问自己这些问题可能会很难，也会唤起各种情绪：内疚、恐惧、焦虑、悲伤以及其他情绪，包括难以形容的渴望，或者无助、羞耻。但是，所有那些幼时没能得到理想教养的成年人，不应忘记这条好消息：你可以学习这些促进保障感的重要因素，在生活中创造这些因素，从而获得安全型依恋。通过理解你自身的经历，并形成连贯叙事，也就是说，理解过去发生在你身上的事情，以及这些事情如何影响了你的发展，你就能获得一种不同的依恋方式，让你学会如何用一种完全不同于你所接受的教养的方式，一种健康得多的教养方式，去养育你的孩子。这正是严谨的科学研究所得出的结论：在这一生中，我们从小学到的依恋策略是可以不断成长与发展的。

> 在这一生中，我们从小学到的依恋策略是可以不断成长与
> 发展的。

和治疗师一起努力反思与理解自身的经历是很有帮助的，尤其是与那些精通依恋理论的治疗师一起工作。然后，你就可以逐渐用一种能帮助孩子感到安全的方式与他们交流互动，无论你之前接受过何种教养。这样一来，你给孩子的积极体验就能让他们的大脑形成建设性的、整合的连接，而他们也能因此长成有保障感、独立自主、有抗逆力的成年人。你可以给予孩子你小时候从未得到的体验，成为孩子的避风港。更重要的是，在孩子长大成人、拥有安全型的依恋和稳定的情绪基础的时候，想想他们会成为什么样的父母吧！

激动人心吗？因为你有勇气、肯下苦功而且愿意去反思自己的过往，弄清自己的故事，所以你能够打破不安全的育儿循环，开始采用一种能为子孙增强依恋、培养保障感的新方法，这种做法会让后世受益无穷。因此，陪伴你自己，只是陪伴孩子，以及陪伴他们的子子孙孙的另一种方式。

> 在孩子长大成人、拥有安全型的依恋和稳定的情绪基础的
> 时候，想想他们会成为什么样的父母吧！陪伴你自己，只是陪
> 伴孩子，以及陪伴他们的子子孙孙的另一种方式。

了解的价值

帮助孩子感到被看见

被看见

四个"S"中的第二个"S"就是帮助孩子感觉**被看见**。从本质上讲，真正看见我们的孩子有三个主要的方面：①与他们的内部心理状态产生共鸣，让他们知道我们能懂他们，从而让他们觉得我们与他们"感同身受"，并且觉得自己得到了深刻而有意义的理解；②运用想象力去弄清他们内心真实发生的事情，从而理解他们的内心世界；③用所谓有"关联性"（contingent）的方式做出回应，也就是对我们所看见的东西做出及时有效的回应。关联性沟通有三个步骤——感知、理解，并且用及时有效的方式回应。关联性沟通体现了一种普适性的"联结三角"，这种联结三角可以帮助孩子觉得照料者与他们感同身受。用这种方式"看见"孩子，意味着减少对孩子具体行为或外部可见事件的关注，更多地关注行为背后的心理，也就是关注内心的活动。

有一句老生常谈说，良好的关系需要高质量的陪伴时间，这句话说得一点儿都没错。当然，陪伴时间的长短也很重要。我们的孩子需要我们陪在他们身边，和他们一起玩，参与他们的游戏，观看他们的演出。但是，帮助孩子感觉被看见不仅是要我们的人陪在他们身边，还要用有关联性的方式与他们建立联结（要运用联结三角），并且当他们受伤的时候要陪在他们身边，当他们取得成绩、获得成功的时候与他们一同庆祝，当他们开心的时候，也要分享他们的喜悦。重要的是我们给予的心理陪伴。

帮助孩子感觉被看见的联结三角

你有多善于看见孩子？我们指的是，看到真实的他们，用有关联性的方式、及时有效的方式感知、理解并回应他们。从本质上讲，这样不仅能让孩子逐渐体验到归属感，感到你与他们感同身受，还会让孩子产生被了解的感觉。科学研究表明（经验也支持这一点），如果我们能陪伴孩子，给予他们被看见的体验，他们就能学会清晰而诚实地看见自己。如果我们能用直接的方式了解孩子真实的模样，他们也会学着以这种方式了解自己。要看见孩子，意味着我们需要学着用临在的方式去感知、理解、回应，并且对孩子的真实自我，以及他们将要成为的自我保持开放的心态。不要只看见我们希望他们成为的样子，也不要透过我们恐惧或欲求的滤镜来看待他们。只要看着孩子，了解孩子，拥抱孩子，支持孩子，让他们成长为完整的自己。

> 你有多擅长看见孩子？多擅长看见真实的他们？如果我们能陪伴孩子，给予他们被看见的体验，他们就能学会清晰而诚实地看见自己。

现在请花一些时间，在脑海中设想未来的一天，那时你的孩子已经长大成人，他回顾过去，谈起了是否被你看见的经历。也许他在和配偶、朋友或心理治疗师说话。他对这个人完全坦诚、毫无保留。你能在脑海中想象出这幅画面吗？也许他正端着一杯咖啡说："我的妈妈，她并不完美，但我一直知道她爱真实的我。"或者，他可能会说："我爸爸始终支持我，即使当我惹上麻烦的时候也是如此。"你的孩子会这么说吗？他会不会说，父母总是想让他成为一个不是他自己的人，没有花时间去真正理解他，或者想要他用不是真心的方式行事，扮演好家里某个特定的角色或做出某种特定的样子？

我们都知道那些俗套的情节：爸爸想要不喜欢运动的儿子成为运动员，或者妈妈逼迫孩子每门功课都要得 A，而不管孩子是否有这样的天赋或意愿。这些都是父母看不到孩子真实模样的例子。如果这些都只是童年时期的偶然事件，那就不会造成太大的影响——毕竟，没有父母能一直做到百分之百的情感共鸣。

但是，如果这种模式反复出现，这种事情就很可能对孩子、对父母以及双方的关系产生消极影响。

在我们认识的一家人身上，发生了一件不同的事。贾丝明是一位单亲妈妈，她的女儿艾丽西亚从八岁起就开始抱怨头痛了，这种头痛症状有些异乎寻常。她不但开始缺课，也开始缺席其他活动了。儿科医生做了检查，说艾丽西亚没有任何问题，贾丝明感到不知所措。她想支持女儿、相信女儿，她开始带艾丽西亚去向各路专家求助，但专家一遍又一遍地说艾丽西亚似乎没有什么问题，她不禁怀疑女儿是否编造了病痛的谎言，好逃避那些不想做的事情。有时她让艾丽西亚待在家里，有时她让艾丽西亚去上学或参加其他活动。这样一来，她们之间的关系总是矛盾重重。

两人的争吵持续了好几个月，贾丝明为不相信自己的女儿而感到内疚，但她也在努力确保女儿不要缺课或者错过重要的经历，而艾丽西亚则尽了最大的努力让妈妈开心，但自己却感到非常痛苦。最后，她们去看了一名神经心理学家，这位专家发现艾丽西亚的确患有一种疑难杂症，其症状表现恰好与她的体验是一致的。好消息是，这种疾病可以很容易地通过服用药物和改变饮食来治疗。坏消息是，这个小女孩承受了那么长时间的痛苦，一直没能得到缓解；同样糟糕的是，她知道当她对妈妈诉说自己的经历时，妈妈有时并不相信她。艾丽西亚一直生活在身体和情绪的双重痛苦之中。

当然，贾丝明对于没有更好地支持女儿感到非常难过。她曾努力保持同情和理解，用她所掌握的信息做了最好的选择，但那时女儿和医生对她所说的话是不一致的，她对此不知该作何理解。即使她的心态是开放的，她也无法形成准确的理解，因此她只能做出无效的回应。感知、理解与回应的三角可以形成一座大桥的三条通路，连接了父母和孩子，让孩子感到被看见。但就贾丝明而言，这座桥并不完整。而且，她发现艾丽西亚的事情唤起了她自己的情绪。贾丝明的母亲经常生病，贾丝明最不愿意承认的事情，就是她女儿可能也患有某种慢性疾病。对于任何人来说，无助感都可能削弱他们建立联结三角的能力。最后，尽管事情不完全像贾丝明所希望的那样发展，但她弄清了问题的根源。

在这个例子里，母亲尽了最大的努力去陪伴女儿，并真正看到了女儿的情况。没有人能一直做到这一点。生活是艰难而复杂的，我们能做的最好的一件事，就是愿意建立明确而始终如一的联结——在出现问题的时候要修复关系，并且要保持一种心态：在生活中要尽我们所能地陪伴孩子。虽然贾丝明没能立即解决女儿的问题，而且艾丽西亚也没有在整个过程中一直感到母亲的支持，但通过敏感而警觉的态度，贾丝明最终发现了艾丽西亚痛苦的原因。换作一个不太用心的家长，就可能会简单地指责女儿撒谎，强迫她去上学，但贾丝明最终理解了艾丽西亚。她并不完美，但她陪伴了女儿，看见了女儿，尽她所能地做到了感知、理解和回应。在这个故事中，孩子的确患有疾病。但是，即便贾丝明最终发现艾丽西亚的症状是编造的，或者是心理引起的身体症状，作为母亲，她的职责依然是陪伴女儿，而且无论是什么原因让艾丽西亚告诉母亲自己有那种感觉，贾丝明都要做到感知、理解和回应。不管在什么情况下，我们越能看见自己的孩子，就越能用充满爱意的方式来回应他们。

我们举这个例子是为了说明，看见你的孩子不意味着做一个完美的父母。没有人能始终理解孩子发出的信息，即使我们努力了，有时还是会有误解。有些时候，我们可能会觉得自己在与孩子一起开怀大笑，而孩子却觉得我们是在嘲笑他。有时，我们会把孩子说的某句话当作焦虑的表现，并做出相应的回应，结果却让孩子感觉被冒犯了，因为他觉得我们认为他很软弱，或无力处理某种情况。还有些时候，客观因素可能导致我们不知道该如何对我们所看见的东西做出回应，就像艾丽西亚和她母亲的故事一样。我们想说的是，真正看见我们的孩子往往是一件并非每次都能做到的事情，但在建立联结三角的每一步中都要付出真诚的努力，这样我们才有可能与他们建立联结、达成理解。

> 真正看见我们的孩子往往是一件并非每次都能做到的事情，但在建立联结三角的每一步中都要付出真诚的努力，这样我们才有可能与他们建立联结、达成理解。

内　观

在努力解决艾丽西亚的问题时，贾丝明表现出了我们所说的"内观"能力。如果你读过我们写的其他书，你可能会对这个词有些印象，这个词是丹尼尔创造的，指的是一个人看见自身以及他人心理状态的能力。内观的重点是觉察，即密切关注某种情况表面之下的心理本质。这正是贾丝明努力为她女儿所做的事情——弄清小女儿身上到底发生了什么，并且努力对自身的童年经历保持觉察，这些童年经历可能会影响她的看法。这就是内观的作用：让你拥有了解自己和他人心灵的能力。

例如，假设你和伴侣正在为育儿问题争论。也许你的伴侣想让孩子多做些家务活，但你担心孩子已经太忙了，所以你不想给孩子增添更多的责任。在育儿的争执中，冲突不断升级，最后你们两人都怒不可遏。在这个时候，内观可以成为有力的工具。仅就一点而言，内观能让你产生更多的自我觉察，不仅能帮你注意到自己的观点和诉求，还能帮你留意自身的沮丧和愤怒。你甚至可能会注意到，过去的问题（你和伴侣之间的问题，甚至还有你和父母之间的问题）影响了你看待这场争论的方式。这种认识很有可能会有效地止息争端。

除了通过内观来获得更多的自我理解以外，还有一种更有帮助的做法，那就是用内观来思考你的伴侣在想什么。在你的心中，有许多不同的力量在让谈话变得针锋相对，而这些力量很可能也存在于你伴侣的心中。请试着理解促使你们反应激烈的恐惧和其他情绪，甚至还要努力对你关心的这个人产生共情，这样你就能用大不相同的方式来处理争端（这场争端现在可以变得更像是讨论了），从更加敏感、更有同情心的角度来看待问题，而不是用防御的态度评判对方。在谈话中，你依然可以坚持自己的立场，但你表达的方式则更有可能让你们达成理解，而不是制造裂痕。这就是内观的力量。

没错，你可能已经猜到了：联结三角不仅适用于你与孩子的关系，也适用于你与其他家人、生活伴侣以及与朋友的关系。感知、理解和回应是我们在生活中建立关爱联结的基本方式。

如此一来，你就能看到内观在亲子关系中有多大的作用了。那些真正努力培养自己内观技能的父母，通常能给予孩子安全型依恋。请设想，你在四岁的孩子洗完澡后放干了浴缸里的水，而他却因此大发脾气。出于某些只有他自己知道的原因，他想让浴缸里一直装满水。你可能会忍不住和他争论，用一种基于逻辑、左脑主导的方式解释我们为什么要在洗完澡后放干水。但正如你所知，逻辑和理性的讨论通常对于恼怒的学龄前儿童不起作用。作为成年人，你的大脑处理这种问题的方式可能与他的大脑截然不同。也许在你儿子的幻想世界里，许多船只和水手要在他睡觉的时候趁夜出海，而他会在梦乡中见证这场远航，前提是洗澡水还留在浴缸里，没有被排水管抽走——而你把水手都害死了！

如果你不是只依照自己的目标和想法来做事，而是运用内观来想象儿子心里在想什么，那会发生什么？你可能会想，这个小家伙已经度过了疲惫的一天，先是踢了一场足球，又约了人一起玩。这样一来，你可能会理解他在洗澡时讲的水手和即将展开的远航的故事。然后，你可能会抱着他，而不是对他说教。你甚至可以问问他为什么让水留在浴缸里那么重要。你可能会认可他的感受："这次你想把水留在浴缸里？你不高兴是因为你不想让我把水放干，对吗？"如果一开始用这种方式沟通，你就更有可能帮他平静下来，做好睡觉的准备。

不要说教……

要运用内观来理解孩子、建立联结

同样地，如果你 12 岁的女儿哭着说她找不到想穿去朋友聚会的短裤了，此时可能不应训斥她没有提前做好计划，也不应发表一通长篇大论，教育她要收拾好自己的东西。你可以在她真正能听进去的时候，再强调你们对于洗衣服和收拾房间的期望。在那一刻，你能做的最好的事情就是用内观去关注她的感受，并认识到，即使你认为她的反应有些夸张，但情绪对她来说是非常真实的。然后，无论你是否能帮她找到"失踪"的短裤，你至少都可以弄清女儿此刻的心理状态，这意味着即使你不能解决问题本身，你也陪伴了她，并帮助她处理了困扰她的问题。再次强调，陪伴孩子不是保护他们不受任何问题的困扰——你不需要跑去商场给她买条新短裤。陪伴是指你在孩子身边支持他，让他们学会处理自己面临的困境。

请注意，我们在这里说的不是什么超级父母。你不需要学会"读心术"或者克服你所有的缺点，也不需要达成某种精神上的"开悟"。你只需要做到陪伴。全身心地陪伴他们，带着良好的意愿，让他们感觉到你能理解他们，无论发生什么，你都会在这儿支持他们。这才是看见（真正地看见）孩子的真谛。

请注意，我们在这里说的不是什么超级父母。你不需要学会"读心术"或者克服你所有的缺点，也不需要达成某种精神上的"开悟"。你只需要做到陪伴。全身心地陪伴他们，带着良好的意愿，让他们感觉到你能理解他们，无论发生什么，你都会在这儿支持他们。这才是看见（真正地看见）孩子的真谛。

不要说教……

要运用内观来理解孩子、建立联结

请记住：看到你自己的心灵也很重要。这意味着认识到你此刻的感受，弄清你的情绪可能从何而来。毕竟，你在冲突或紧张局面中所体验到的某些感受，可能与儿子洗澡时的表现、女儿去参加聚会时的衣着无关。如果你能关注你自己的想法和情绪，你就更有可能用一种让你和孩子都感到舒服的方式处事。这样一来，如果你能真正选择在困难情境下做出的回应，而不是根据无意识的渴望和倾向做出反应，那你就能真正地看见孩子，用一种恰好满足他们当时所需的方式做出回应。

更重要的是，如果你能用内观来做出回应，你就能告诉孩子爱的关系是什么样的。理解一个人、帮助他感到你与他们感同身受，这就是健康关系的基础。如果我们能为孩子做到这一点，我们就在为他们提供安全基地的过程中又向前迈进了一步。不仅如此，我们的孩子还能学会如何找到愿意陪伴他们的朋友和伴侣，并且学会如何用这种方式来对待他人。这意味着他们会养成建立健康关系的技能，包括如何与他们自己的孩子相处，而他们的孩子则会把这种宝贵的教诲传承下去。

如果孩子没有被看见，那会发生什么

这是一个令人心碎的事实：有些孩子在童年的大部分时光里都没有被人看见。他们从没有觉得被人理解过。想想那些孩子会有什么感受。当他们想起自己的老师、同龄人，甚至他们的父母时，他们心中只会出现一个想法："他们根本不了解我。"

为什么孩子会觉得没有被看见、被理解？有时候，这是因为我们在透过"滤镜"看孩子，这层滤镜更多地与我们自身的欲求、恐惧和问题有关，与孩子独特的个性、热情与行为关系不大。这种固化的滤镜让我们难以用情感共鸣的方式感知、理解并回应孩子。也许我们只会看见一个标签，说"他是个幼稚的孩子"或者"她是个运动健将（害羞的人，或艺术家）"。我们还可能说"他就像我一样，是个讨好别人的人"或者"她就像她父亲一样顽固"。如果我们这样定义自己的孩子，用标签或比较（有时甚至用诊断）来描述他们，将他们归类，我们就会妨碍自己看见完整、真实的他们。没错，我们是人类，我们的大脑会将输入的神经信号组织起来，转换成概念与类别。这是我们大脑的本能。但是，分类思维常常会变成思维的枷锁，而我们面临的一部分难题，就是识别这些类别，把自己的思维从这种枷锁中解放出来，不让它影响我们看待孩子的方式。

比如说，我们经常听到许多父母用"懒惰"这个词来形容他们的孩子。有时，这是因为孩子学得不够、练得不够，或者不愿意帮忙做家务。这些父母认为"懒惰"是一种品格缺陷。但事实是，如果孩子付出的努力比我们的预期少，那很有可能是因为我们没想到这一点：孩子没有按照我们想要的方式来应对某种情境。你的女儿记不住美国各州的首府，可能不是因为她懒，而是因为她在学习上有某种需要解决的困难（事实上，有困难的孩子往往比大多数同龄人付出了更多的努力，但他们的成绩依然不好，而父母却认为他们需要更加努力）。也可能她不知道如何有效地学习，或者她的睡眠不够，精力不足，无法保持清醒，所以就学不好了。

不要根据你的假设贴标签……

要看到表象背后的本质，询问到底发生了什么

也许你儿子不愿意每天练习篮球的罚球技巧，因为一个十岁的孩子通常

很难在运动方面下定这样的决心。这并不是在说，你儿子不应该通过训练来提高球技；也不是在说，你女儿不需要为地理考试做好准备。我们只是想说，我们作为父母，不应该做出草率的评判，为孩子贴上"懒惰"的标签，而不停下来思考表象之下可能发生了什么。标签会妨碍我们看清自己的孩子。更糟糕的是，孩子会学会我们这些分类的思维方式，然后根据他们想象中我们对他们的看法形成自我信念。我们所有人都是通过别人施加在我们身上的分类来认识自我的。

> 我们作为父母，不应该做出草率的评判，为孩子贴上"懒惰"的标签，而不停下来思考表象之下可能发生了什么。标签会妨碍我们看清自己的孩子。

还有一个与分类思维有关的陷阱，即便是善意的父母也会落入其中：希望孩子成为某个不是真实自我的人。我们可能希望孩子好学、擅长运动、具有艺术才能、干净整洁、积极进取，或者变成其他什么样子。但是，如果他根本不在乎把球踢进网里的运动呢？如果他做不到呢？如果他对吹长笛不感兴趣怎么办？如果他觉得每门课都得"Ａ"不重要，或者觉得遵循性别规范有违天性，那又该怎么办？

每个孩子都是独立的个体。如果我们任由自己的渴望和分类思维蒙蔽我们的感知，我们就无法看清孩子。如果我们看不见孩子，那我们在说爱他们的时候，其实是在说什么呢？我们怎样才能接受他们真实的模样呢？

> 每个孩子都是独立的个体。如果我们任由自己的欲求和分类思维蒙蔽我们的感知，我们就无法看清孩子。如果我们看不见孩子，那我们在说爱他们的时候，其实是在说什么呢？我们怎样才能接受他们真实的模样呢？

　　有时问题很简单，只是父母和孩子之间的人格有差异而已。你可能喜欢像蜂鸟一样忙忙碌碌，迅速高效地完成所有的任务，而你的女儿的天性就是慢吞吞的。也许她很容易分心。也许她只是很好奇，想要探索和了解身边那些令人着迷的细节。此时你的任务是什么？是把她打造成缩小版的你吗，因为高效显然比磨磨蹭蹭好吗？明显不是。相反，你可能需要调整一下你平常处理事情的方式。由于她需要更长的时间才能做好上学的准备，也许你需要早些叫她起床。或者，你和她一起在睡前阅读的时候，你可能需要为她的走神和提问留出时间。这些都是相当简单的调整，但如果你没有真正看见她，没有看到她在这个世界上的存在方式，那你就不会了解她，也不知道该如何更好地调整日常安排，让你们俩的生活都变得更加轻松。

在看见孩子这方面，我们所能犯的最糟糕的错误就是忽视他们的感受。对于幼儿期的孩子来说，这可能意味着，他在摔跤后放声大哭，而你却说："不要哭了。你没受伤。"大一点的孩子可能真的会为一些根本不会困扰你的事情而感到焦虑，比如参加第一堂舞蹈课。你这样说不会让她更加放松："别担心，没什么可紧张的。"没错，我们想让孩子安心，想在他们身边支持他们，让他们知道他们会没事的。但是，这和否定他们的感受，明确地告诉他们不要相信自己的情绪是完全不同的。

相反，我们只是想要看见他们。要留意他们此刻的体验，然后陪在他们的身边，和他们在一起。我们要说的话可能没有多大的不同。我们最后可能会说"你会没事的"或者"许多人在第一天上课的时候都会紧张，我会一直陪着你，直到你感觉舒服为止"。如果我们一开始就看见他们，关注他们的感受，我们做出的回应就会更加充满关怀。这样一来，当他们觉得我们与他们感同身受的时候，他们心中就会产生一种归属感，就好像孩子觉得你真正了解了他们一样。他们可能会从这种体验中获得一种既是"我"，又是"我们"中的一员的感觉。"我"是被看见、被尊重的个人，而"我们"则是大于他个人的关系，但他在这个关系中又不会减弱或失去作为独立个体的感觉。就这样，看见孩子能为他未来的关系打下基础，让他在这个基础上整合这两重身份：在关系中既能做独立的个体，也能成为联结中的一分子。

更重要的是，我们所传达出的共情更有可能让孩子的内心平静下来。一般而言，如果我们能表达爱与支持，这不仅会让孩子的生活更好，也会让我们的生活变得更好。

不要否定感受……

要看见孩子并做出回应

欢迎孩子真实而完整的自我

在前面的章节里，我们已经讨论过安全型依恋产生的原因。真正地看见我们的孩子，有助于建立安全型依恋，因为这样能让他们觉得有人愿意接纳他们本来的样子——包括好的一面和不好的一面。我们想告诉孩子，我们欢迎他们，喜爱他们，想要了解他们的全部，包括那些并不总是那么吸引人、令人愉快或者合乎逻辑的部分。我们该如何向孩子传达这样的信息呢？通过我们对他们感受或行为的回应。每次的亲子互动都会传递一条信息。我们的信息会告诉孩子我们对于这次互动的感受。你要相信他们能够读懂这些信息，就像玩牌老手能读懂牌桌上的气氛一样。无论我们是否明确地表达出来，他们都能知道我们的感受。他们在情绪上有多安全，取决于他们的内在体验与从我们这里得到的信息有多匹配，以及他们在我们的帮助下，能在多大程度上学会理解那些体验。

你已经有过无数次这样的经历了，甚至从孩子还是婴儿的时候就已经开始了。当你的宝宝看见你这个陌生人走进房间，或者绊倒、摔跤的时候，他立刻就会看向你，寻找信号以便判断如何做出回应。他想知道：**我现在应该害怕吗？我现在安全吗？**根据你的反应，他也会学着形成自己的反应，既包括行为反应，也包括他情绪的形成与表达。这种互动就叫作"社会性参照"，代表着你的孩子开始成长为一个有情绪意识的人了。他看见你了。

随着年龄的增长，他会继续研究你，他也会越来越善于解读你的信号，发现你在特定情况下的感受——包括你在明确沟通中故意给出的信号，以及你行为举止中隐含的信号，而你甚至都不知道自己发出了这样的信号。这些反复出现的沟通模式显著地影响了他感受自我和周围世界的心理模型。

我们有个朋友，他的儿子杰米在一岁的时候，会在爬山时，或者做一些有挑战性的事情时大声地对自己说："小心，杰米。小心。"他那副样子实在惹人喜爱。杰米的父母经常告诉他，在尝试冒险的时候要多加小心，他内化了父母给他的信号并且加以模仿。我们给孩子的信息通常源于我们自己的内部信号，那些信息会对他们产生消极或积极的影响。我们传递的信息可能会阻止孩子用健康的方式探索世界，加剧恐惧和不恰当的焦虑，也可能激发勇气和抗逆力，让他们愿意远离自己熟悉的事物。（我们始终应该把孩子的先天气质记在心里。有些孩子需要我们提醒他小心，还有些孩子则需要一些时间和鼓励才能进入未知的领域。)

不要否定感受……

要看见孩子并做出回应。

这里所说的重点是，我们的孩子学会了准确解读我们的感受，不仅能读懂我们认为这个世界有多安全，还能读懂我们对他们表达的情绪有何感受。他们

可能会反复接收到这样的信息：我们能真正看见他们，想知道他们的感受，包括消极甚至可怕的感受，而且无论他们有什么情绪，我们都会给予他们情感的陪伴。

现在请花些时间回想一下孩子因为某事不开心来找你的时候。你有没有运用内观能力真正地看见他，提供关联性回应？你的回应是直接的还是含蓄的？

要建立安全型依恋，很大一部分工作就是看见你的孩子，并欢迎他们完整而真实的样子。这是为了让他们能够自由地分享自己的感受，即使是那些强烈而可怕的感受、让他们不堪重负的感受，也可以在你面前分享。请记住，他们会内化你传递的信息，所以如果你告诉他们，或者让他们感到你"不想听这件事"，那这条信息就会影响他们对亲子关系的看法。当孩子身陷困境时，或遇到应该严肃对待的事情时，或者在他们步入青春期以后，变得更加注重隐私的时候，这一点尤其重要——如果你不注意，可能以后他们就不会对你讲重要的事情了。如果你没能做到倾听，你可以向他们道歉，并继续传达这样的信息：无论他们怎么做，或者对你说什么，你都很爱他们。

要看见，不要羞辱

你可能已经发现，帮助孩子感觉被看见，在某些方面与四个"S"中的第一个——安全感是重叠的。我们希望孩子感到足够安全，能够在我们面前展示真实的自我，与我们分享他们的感受和经历，而不需要担心我们会做出让他们感到羞耻或恐惧的反应。这样我们才能看见更完整的他们。但是，如果他们觉得不安全，就不会向我们展示真实的自我。

例如，如果母亲因为儿子感到害怕（害怕独自一人，害怕万圣节服装，或者害怕任何其他的东西）而羞辱他，那他就不会让母亲知道自己感到焦虑了。因此，母亲要想真正看见儿子就难得多了。

这样一来，他就只能靠自己来处理这些情绪。从此以后，他的问题就会像滚雪球一样越来越严重。当他因为第一次在别人家过夜而感到紧张时，他就会不愿意把真实的感受告诉母亲。他得独自面对这样的情况，这往往会导致更多的焦虑。他可能会拒绝去别人家过夜，也可能会装病。他还可能会发脾气，坚持不肯去。妈妈会把这种行为当作叛逆而惩罚他，但她根本没有真正看到孩子的内心想法。如果她能运用内观，去观察并理解儿子，她就能鼓励儿子表达自己的恐惧和焦虑。这样一来，儿子可能就会分享自己的真实感受，而母亲也能帮他处理紧张情绪，让他能够去朋友家过夜了。

如果我们因为孩子的情绪而不理会他们、轻视他们、指责他们或羞辱他们，我们就是在阻止他们向我们展示真实的自己。

> 如果我们因为孩子的情绪而不理会他们、轻视他们、指责
> 他们或羞辱他们，我们就是在阻止他们向我们展示真实的自己。

羞辱会大大妨碍我们看见孩子，但我们却经常羞辱孩子。在那些时候，我

们非但没有看见他们，与他们建立联结、解决问题、支持他们，让他们能有效地处理自己的情绪，我们反而让他们感到了羞辱。有时，羞辱是直接的，通过轻蔑的言辞传达出来，而且如果再加上愤怒，甚至可能让孩子感到无地自容。羞辱也可能是间接的。当孩子处于情绪激烈的状态时，如果他努力向我们表达自己的感受，而我们却不能理解他此刻的情绪，就可能导致间接的羞辱。反复失去联结的经历，既可能发生在积极的状态下（比如对某事感到兴奋），也可能发生在消极的状态下（例如悲伤、愤怒或恐惧）。如果父母不能理解孩子的这些情绪，就可能间接地在孩子心中造成羞耻的状态。对任何人来说都会如此！此时，孩子需要联结，却没能得到联结。对于发展中的孩子来说，如果他们始终不被看见，不被理解，而且不能得到开放而有效的回应（无法在需要的时候得到联结三角），这些反复出现的经历就会给孩子制造一种内在的自我缺陷感，随之而来的就是羞耻的状态。为什么会这样？因为孩子宁可相信自己的需求没得到满足是因为自己有问题，而不是父母——他赖以生存的父母不可依赖。这样反而更加"安全"。这实在是有些讽刺。这就是羞耻感与内疚感的不同。虽然内疚感让人觉得某种行为是错的，但也是自己可以在将来予以纠正的。

即使孩子只是展现了真实的自己，表达了对联结的健康需求，但通过直接或间接的羞辱，我们可能会让孩子觉得自己是有缺陷的，是有问题的。遗憾的是，即使我们没有认识到羞耻感成了我们生活的一部分，成了我们生活的组织方式，这样的羞耻感也会伴随我们度过整个童年，并影响我们在成年后的身心功能。

你可以在后面的插图中看见两种不同态度的区别。"看见"能帮助孩子平静下来，邀请他们向我们敞开心扉，而"羞辱"会阻碍他们向我们展现真实的自我。更糟的是，羞辱甚至不能带来我们想要的行为。即使能，孩子也只会做出我们想要的外在行为，但内心却充满了恐惧与沮丧。事实上，研究表明，童年期频繁遭受羞辱的经历，与焦虑、抑郁和其他精神健康问题出现概率的显著提升有关。

当然，有时我们需要让孩子做得更多，挑战他们对自身能力的看法。我们不想让他们仅仅因为紧张就错过水上滑梯的乐趣，或者因为第一次训练感到紧张就错过整个足球赛季。这不是看见他们、支持他们的意义所在。同样，我们需要着眼现实。看见孩子意味着同时了解他们的优点和缺点。所以，如果你发现孩子某方面的技能仍需改进，无论是耐心、礼节、冲动控制、共情，还是别的技能，让他们在这些领域多加锻炼才是爱他们的表现。忽视他们的真实自我，包括忽视他们可能有的任何缺点，或者可能面临的任何障碍，对于他们没有任何好处。

但是，鼓励孩子走出舒适区，或者陪他们一起锻炼他们缺乏的社交、情绪技能，与在他们不按照我们的意愿行事时羞辱他们是完全不同的。再次强调，这并不是要把他们宠坏，也不是从不要求他们尝试新鲜事物、走出舒适区。重点是让他们向我们表达真实感受，这样我们才能与他们的体验感同身受，并帮助他们处理可能压垮他们的强烈情绪。这是为了看见他们真实的自我。

羞辱孩子会阻碍他们向我们展现真实的自我

你能做什么：帮助孩子感到被看见的策略

策略 1：让好奇心引导你深入探索

要让孩子感觉被看见，最实际的第一步就是观察他们——花些时间观察他们的行为，试着抛弃先入为主的想法，思考一下到底发生了什么，而不要仓促地做出评判。仅仅通过放慢脚步、观察孩子，我们可以了解许多有关孩子的事情。当我们挑战自己的分类思维时，就更有可能以开放的心态看见孩子。

但是，要想真正看见我们的孩子，往往不仅需要我们关注显而易见的表象。有时候，我们必须更深入地观察他们行为表象之下的真相。我们要观察他们的行为、倾听他们的言语，这是肯定的。但就像成年人一样，在孩子的世界中，事实会比表面展现出来的样子复杂得多。因此，作为父母，我们的职责之一就是透过显而易见的表象，深入探索内在的真相。

实际上，深入探索意味着你要愿意放下最初对于孩子的假设和解读，采取好奇的态度，不要立即做出评判。

> 深入探索意味着你要愿意放下最初对于孩子的假设和解
> 读，采取好奇的态度，不要立即做出评判。

好奇心是最关键的。这是有爱心的父母手中最重要的工具之一。当你家的幼儿在玩"把意大利面从高脚椅上推下去"的游戏时，你的第一反应可能是沮丧。如果你认为他在试图激怒你，或者他在故意做出某种叛逆行为，你就会做出相应的反应。但是，如果你能看看他的脸，注意到他被地板上和墙上飞溅的红色酱汁深深地吸引了，你可能就会有不同的感受和反应。认知科学家艾莉森·戈普尼克（Alison Gopnik）、安德鲁·梅尔佐夫（Andrew Meltzoff）以及帕特里夏·库尔（Patricia Kuhl）写过一本关于"婴儿床里的科学家"的书，解释了婴幼儿所做的大部分事情都是出于学习和探索的本能驱力。即使你知道这种驱力，当孩子打翻意大利面的时候，你可能依然会为不得不打扫卫生而沮丧。但是，如果你能花些时间，让自己感到好奇，那你可能会停下来问问自己："他到底为什么会这样做呢？"如果你把他看作一个小小的科研工作者，正在收集数据，探索这个陌生的世界，那么你至少可以在清理他实验留下的烂摊子时，对他的行为做出主动而耐心的回应。（没错，关于小儿子现在所处的阶段，你也收集到了宝贵的数据，这样你就能知道下次吃意大利面的时候，要在地上放一条毛巾。）

不要草率地推断和评判……

要保持好奇，深入探索

在我们的《去情绪化管教》一书中，我们鼓励父母去"探寻孩子行为背后的原因"。通过好奇地询问"孩子为什么会那样做"，而不是立即给行为贴上"坏"的标签，我们就更有可能对行为的本质做出回应。有时孩子的行为的确有问题——我们一直在说，孩子确实需要界限，而我们的任务就是告诉他们什么可以做，什么不能做。但在其他时候，孩子的表现可能是他在当下的发展阶段的典型行为，在这种情况下，我们也应该用相应的态度回应。无论如何，只要我们能探寻行为背后的原因，判断孩子的心里到底是怎么想的以及他行为的根本原因，即便孩子的行为的确需要管教（管教的意思是，教他们该怎么做以及培养技能），我们也能更有效地管教（教育）孩子。

我们观察到的：

如果孩子会说话，他会说：

她做什么事都不带我。我很讨厌她说我太小了。

对待孩子其他的行为也是如此。如果孩子在见到成年人时很沉默，拒绝讲话，也不愿意打招呼，他可能不是不愿意礼貌待人。他可能只是害羞或焦虑。再次强调，这不意味着你不用在成长过程中教他社交技能，也不意味着你不用鼓励他学着在不舒服的情境下讲话。这只是说明，你现在需要弄清孩子此时的情况。这种行为背后的感受是什么？你要找出并审视他沉默的原因，这样你就能做出主动而有效的回应。

值得一提的是，我们非常赞成给予孩子明确的期望，甚至我们可以把期望设置得很高。他们需要了解努力的价值，他们需要我们的鼓励，去超越自己所认为的能力极限，去做更多的事情。然而，也有一些时候，只要我们深入了解，就会发现我们对孩子提出了不切实际的要求。作为父母，我们当然希望能帮助孩子实现他们的全部潜能，但我们不应该要求他们去做那些确实难以做到的事情。

我们应该询问一个重要的问题，那就是孩子是不愿意表现好，还是他不能。如果他不愿意按照要求去做，这就与多动倾向、不适宜发展阶段的期待或者某些其他原因导致的不能安静地坐着，或者不能一直听从指令的情况大不相同了，我们的反应也可能会大不相同。

蒂娜近来的一次工作交流就很好地阐明了这一点。她当时在向教育工作者讲解如何深入探索、找寻原因，理解学生的行为。在报告最后的问答环节，富有爱心、经验丰富的教师黛布拉站起来说道："如果你说的是真的，那我就不得不彻底重新考虑我管理课堂纪律的方式了。"蒂娜询问了更多细节，黛布拉解释说，她在晾衣夹上写上孩子的姓名，然后把晾衣夹夹在代表"红灯、黄灯、绿灯"的图片上。在一天开始的时候，每个孩子都处在绿灯区域；如果他们表现不好，他们的晾衣夹就会被移进黄灯区域，以示警告。如果他们继续违反纪律，他们的晾衣夹就会被移到红灯区域，这意味着他们的不良行为会通报给家长，并有具体的后果，例如失去休息时间。

蒂娜和黛布拉接下来的对话如下。

蒂　娜：这套制度有效吗？

黛布拉：对大部分孩子来说，很有效。但是，对班上的几个男生就不太有效了。

蒂　娜：也就是说，在大多数时间，红灯区域里的名字始终是相同的那几个人？

黛布拉：是的。有个男孩的夹子移动了太多次，他的名字都被磨掉了。

蒂　娜：都是因为同样的行为，屡教不改？

黛布拉：一点儿也没错。

蒂　娜：嗯，从这一点来看，这套制度似乎并不是有效的行为管理工具。你和父母让他承担的后果没有真正改变他的行为。他的同学呢？他的违纪行为对其他人有什么影响？

黛布拉：同学也很生他的气。同学讨厌他侵犯他们的空间，他在同学努力学习的时候跟他们说话。同学也很讨厌他带来的干扰，我们不得不停止课堂活动来处理他的行为。

蒂　娜：让我重复一下我听到的话。在这个男生现在所处的发展阶段，得到同龄人的接纳和喜爱是非常重要的，而这个孩子却不断地做出惹人讨厌的行为，完全不顾他从同学那里得到的消极反馈，也不在乎父母和你让他承担的更多消极后果？

黛布拉：我就是这个意思。我需要重新考虑这套制度了。

蒂　娜：没错。我们可以换一个问题，为什么他要继续做那些几乎让周围所有人都产生消极反应的事情呢？他肯定也不好受。通常孩子不喜欢反复陷入麻烦，也不喜欢让同龄人一直讨厌他。我想问问你，如果孩子有阅读障碍，你会不会因为孩子读书的速度不够快而把他的晾衣夹移到黄灯或红灯区域？

黛布拉：当然不会。他也不想这样。

蒂　娜：当然啦。因为你知道不是孩子选择故意不按照要求做事。我在想，如果我们看到一个孩子不断地做出给他带来许多问题的非建设性行为，那么，也许这也不是他的选择。有没有可能这是"能不能"的问题，却被当作了"愿不愿意"的问题？也许他没有足够的技能，也许他不够成熟，因此无法改变自己的表现。如果他有学习方面的困难，我们通常会用更好奇、更宽容的态度来看待他，并支持他茁壮成长。那么，如果孩子面临的是社会性、情绪性或者发展性的挑战，我们的态度为什么会不同呢？我们绝不会因为孩子无能为力的事情而惩罚他。

黛布拉：我讨厌别人因为不是我犯的错而生我的气，尤其是总当着我朋友的面出这样的事。如果我想做得更好但做不到，我也讨厌别人为这种事生我的气。

蒂　娜：说得一点儿没错。而且，这不意味着你要让这个男孩一直藐视课堂规则，或分散同学的注意力。很明显，为了他自己，也为了其他同学的学习，这种行为必须得到处理。但是，这种不同的视角能让你更好地理解为什么你现在的这套制度对他不起作用。如果你对他当下的情况更加好奇，对他有更多的了解，你不仅能从共情的角度来处理这种行为，还能更积极有效地管理课堂纪律。你可能需要一个试错的过程，使用其他的策略，发挥创造性和耐心，才能帮助这个男孩，但我鼓励你与他一起合作，一起反思他的行为，看看他认为怎样能帮助自己取得成功。

这段对话的侧重点是学校里的情况，但很好地说明了"不能与不愿意"的道理。如果孩子不能改变自己的行为，你会为他无法控制的事情而惩罚他吗？有时候，"不能"的根源是某种深层的障碍，如学习困难、感觉加工障碍（sensory processing disorder）、广泛性发育障碍（pervasive developmental disorder）、长期睡眠不足，或者孩子正在适应父母离婚、搬家等问题……这并不意味着孩子无法成长或学习技能，只是说明现在环境的要求超出了孩子目前的能力。这种行为可能与孩子的发展阶段更有关系，而他只需要更多的时间和问题解决技能，就能做得更好。但是，除非我们深入探索，看看表象之下到底发生了什么，不然我们无法知晓情况是否真是如此。

策略 2：创造空间与时间来观察和了解孩子

请注意，在真正看见和了解孩子的过程中，主动性是关键的问题。对于策略 2 也是如此。要想看见我们的孩子，很大程度上需要我们在一天里保持关注。这是全脑育儿法的一大优点：你不需要等到重大、严肃的对话时再开始教育、了解孩子。你只需要陪伴并关注孩子——做到临在。

尽管如此，除了在一整天里保持关注以外，你还可以创造机会，让孩子向你展示他们的真实自我。当然，你可以仅仅通过观察他们的生活，或者倾听他们在日常生活中关注什么，来获得所有这些了解，但你也可以采取一些措施来创造对话的空间，让你深入他们的世界，这样你就可以更多地了解他们，发现你可能难以得知的细节。

> 当然，你可以仅仅通过观察他们的生活，或者倾听他们在日常生活中关注什么，来获得所有这些了解，但你也可以采取一些措施来创造对话的空间，让你深入他们的世界，这样你就可以更多地了解他们，发现你可能难以得知的细节。

要想和孩子深入交流，睡前就是黄金时机。当一天结束的时候，家里已经安静下来，身体也感到了疲惫，这时让人分心的事物已经消失，而我们也都放下了防御，此时我们更容易分享自己的想法与记忆、恐惧与渴望。孩子也是如此。他们平静下来之后，他们的问题、思考、疑惑和想法就会浮现出来，尤其是在你紧紧依偎在他们身边而不催促他的时候。

不过，这就需要你在家庭时间安排方面花些功夫、做些计划。孩子需要充足的睡眠，我们对此再怎么强调也不为过，所以在理想情况下，你们应该尽早上床睡觉，让你有时间做完日常该做的事情，还能有几分钟简单交谈的时间，甚至是安静等待的时间，让孩子有机会说话——如果他们想说的话。我们在其他书里写过给孩子安排过多事情的害处，也讲过睡前的惯例和充足的睡眠能够成为帮助孩子调节情绪、行为的有力工具。只需提前考虑一下，你就可以安排几分钟的沟通时间，将其作为你们睡前的惯例。如果不催促孩子，他们可能就会分享当天经历的细节，问一些问题，从而帮你更全面地了解孩子的现实世界、想象世界中发生了什么。

我们知道你们有些人在想什么：**我的孩子不会自然、自愿地分享他们的想法和感受**。我们理解你。此外，你并非总能知道该如何开启对话。"今天过得怎么样"这个问题，似乎总会不可避免地得到一个自讨没趣的答案："很好"。难道你还没有问烦吗？他们肯定听烦了！想象一下，在孩子的就寝时间增加一段聊天时间，可能会带来一番令人不快的景象：你和孩子默默地躺在一起，都在等着对方分享一些重要的事情。

对于这种担忧，我们有一些回应。首先，请记住，并不是每天晚上你都会听到一些"惊天动地"的消息，也不是说你们每次都会进行深刻而意义非凡的交流。即使是在成年人之间，这也是不现实的，更不用说对孩子了。更重要的是，这并不是对话的目标。当然，有时你们可能的确有重要的对话，但请记住，安排这些时间的最终目标只是为了陪伴你的孩子创造时间和空间，去更好地了解他们，深入地理解他们，这样你就能帮助他们成长为完整的自己。

> 有时你们可能的确有重要的对话，但请记住，安排这些时间的最终目标只是为陪伴你的孩子创造时间和空间，去更好地了解他们，深入地理解他们，这样你就能帮助他们成长为完整的自己。

"今天过得怎么样"这个问题，可能足以让有些孩子分享详细的事情了。对于有些孩子来说，让他们在睡前多说话是父母最不想做的事情。在这种情况下，父母的任务可能不是鼓励谈话，而是引导谈话向更聚焦、更有益的方向发展，这样才能让讨论增进联结和理解。但是，如果你和很多其他父母一样，有一个不喜欢分享内心想法的孩子，那你可能需要问一些更具体的问题。你越能看见孩子，对孩子了解得越多，这个过程就会变得越容易。

了解孩子的父母可以问出更关键的问题

你可以在网上或图书馆里找到许多想法甚至产品，让你能与孩子进行更有意义的讨论。有些想法或产品能给你提供开场白，有些能让你提出有趣的问题，还有些能为你们提供可以一起思考的道德难题。你可以用你找到的东西来开始亲子间的对话。这并不容易，但密切关注孩子、关注他们的世界，可以帮你想出更好的问题，这样你也更有可能得到比"很好"更好的答案。此外，请记住，真正看见你的孩子，就是弄清他们的现状，并且注意到有时他们只是不想说话而已。沉默也是可以的。安静地待在一起，静静地呼吸，也可以享受亲密与联结。所以，在不合适的时候，不要觉得必须说话。

我们知道，要判断该说什么，弄清什么时候应该鼓励谈话，什么时候应该安静下来，可能会让人感到很困惑。这是真正看见孩子的另一个好处。如果你花了时间，充分地了解孩子，你就会更容易地知道什么时候该说什么，什么时候该保持沉默。只需要一点点空间，和几分钟的时间，让一些话语从孩子的想象里，或从他的一天的经历里自然地浮现，这可能是很有好处的——既对你们俩有好处，也有利于你们的关系。

再次强调，只要你在自己和孩子的生活中睁开眼睛，就会发现许多东西。而要看见孩子，以及帮助他们感觉被看见，最好的方式之一就是创造时间和空间，你们之间的对话能够自然地出现。

陪伴自己

作为人类，我们最深切的需求之一就是联结——被看见，从而被了解。被另一个人理解，能让我们了解自我，真实地按照我们的内心体验生活。

在你自己的生活中，你在多大程度上感觉被别人看见、了解和理解了？如果我们无法感受或表达内心的体验，或者没有人能给予我们心灵的陪伴，那我们会很容易地感到孤独，我们可能会失去自己的洞察能力，甚至深入了解自我的能力也会减弱。

> 如果我们无法感受或表达内心的体验，或者没有人能给予
> 我们心灵的陪伴，那我们会很容易地感到孤独，我们可能会失
> 去自己的洞察能力，甚至深入了解自我的能力也会减弱。

在你小的时候，如果有一位照料者很善于觉察他/她自己的内心世界，为你做出了良好的示范，并且关注、尊重你的感受和体验（既不会压得你喘不过气来，也不会侵扰你），你可能就会知道被看见、被承认是什么感觉，也知道内心世界被感觉到、被理解是什么感觉。这样你在自己的人际关系里也可能可以很好地做到这一点。因此，你在与他人（包括你的孩子）的交往中会感到非常充实，能够深入地了解他们。即便在事情不如意的时候，你的人际关系也能成为你的力量与意义的源泉。

许多人并不具有这种优势。相反，在他们成长的家庭里，几乎所有的注意力都集中在了外部和表面的体验上：他们做了什么、有什么表现、做了哪些错事，或取得了哪些成绩。在这样的家庭里，家人可以一起玩耍、参加活动，但内心世界在很大程度上被忽视了。晚餐时间的对话可能会包括一些表层的话题，如当前时事如何、狗做了什么、邻居说了什么，或者其他一些完全可以作为普通谈资，但与情绪、记忆、意义、思想等内在体验完全无关的话题——与主观的、丰富的心灵内在本质无关。他们的友谊可能也看重外在的表现。我们多少都会有一些这样的关系，只讨论肤浅的话题，很少分享彼此的脆弱之处、想法、感受、渴望或者恐惧——只要我们还有重要的友谊，能够真正而深刻地了解对方，这就不是问题。

我们的生活在多大程度上浮于表面，对自我、重要他人、孩子和挚友在多大程度上缺乏深入的理解，往往与我们感觉被依恋对象看见（或看不见）的程度有关。

还记得我们之前对依恋模式的讨论吗？我们曾说过，在回避型依恋模式中，关系和感受的重要性受到了轻视、忽视或贬低。事实上，一岁的婴儿在与照料

者短暂分离之后，就能表现出回避型依恋的适应策略，也就是说，从外在表现上看，他们忽略了照料者——就好像他们不需要照料者一样。这样的婴儿可能会感到害怕或悲伤，但他们已经能够断定，照料者对于他表达出这些感受和需求，不会给予很好的反应。因此，适应性地，婴儿学会了避免向照料者求助和表达自己的感受，他逐渐明白自己只能独自面对这种情绪。

> 我们的生活在多大程度上浮于表面，对自我、重要他人、孩子和挚友在多大程度上缺乏深入的理解，往往与我们感觉被依恋对象看见（或看不见）的程度有关。

如果不经治疗和反思，也没有其他关系能给予这个孩子不同的关系体验，这个对主要照料者形成回避型依恋的孩子，就可能会长成一个同样主要关注外部事物的成年人。对于他所处的环境，这是一种有规律的、完全具有适应性的反应。如果你有某种情绪或需求，而你的照料者却予以忽视，或认为它们不重要而不予理睬，从不关注你的需求，那么，你就会倾向于运用大脑左半球优势的功能在这个世界上生活，轻视自己的（以及其他所有人的）情绪，这是完全合理的。如果你没有被看见过，那么你理解他人心灵、洞察他人内心的神经回路就不会得到充分的发展，而最终，你也不再会看见你自己。

> 如果你没有被看见过，那么你理解他人心灵、洞察他人内心的神经回路就不会得到充分的发展，而最终，你也不再会看见你自己。

在你的生活中，肯定有人（父母、同事、伴侣、朋友）对于看见情绪、处理情绪感到很不舒服——无论是你的情绪，还是他们自己的情绪。这些情绪往往是通过非言语信息表达的，如眼神交流、面部表情、声调、身体姿态、手势以及反应的时机与强度。这些情绪主要都是由大脑右半球来表达和感知的。如果没有充满关爱和理解的人际关系来刺激大脑的右半球生长，它就会相对发育不良——它只是在等待一本像这样的书，来让它回到成长和联结的模式！大脑永远不会丧失成长和发展的能力。

让我们稍稍探索一下，反思一下你与依恋对象相处的经历，探索一下你感觉被看见、被了解、被理解，以及被回应的程度。然后，我们会让你思考一下你与孩子的关系。问问自己下面这些问题，注意你产生的所有想法和情绪。请看见你自己，看清自己的反应，每次只回答一个问题，放慢速度，对于那些在内心激起强烈反应的问题要多加反思。

- 根据我们的定义，你觉得自己在多大程度上真正被父母看见了（例如，他们深刻体会到了你的内心世界，并给予了恰当的回应）？
- 现在，你有没有这样的关系——能让你进行更有意义的对话，能让你讨论记忆、恐惧、渴望以及内心生活的其他方面？
- 你与孩子的关系如何？你与他们的互动能否帮助他们了解并尊重自己的内心世界？你是否为他们示范了如何关注自己的想法和情绪？
- 他们感到被你真正看见的频率有多高？如果他们与你不同，或者他们不同于你对他们的期待，他们是否觉得你能接纳他们真正的自我？
- 你的孩子会不会因为拥有或表达他们的情绪而感到羞耻？在他们最痛苦或表现最糟糕的时候，他们是否相信你会陪伴他们、支持他们？
- 为了更好地看见孩子、回应他们的需求，有哪一件事是你现在、今天可以做的？这件事可能是，在你不喜欢的事情发生时探寻"为什么"，或者创造深入探索原因的空间；又或者是你想更加关注他们关心的事情。

请记住，人无完人，每个父母都会错失看见孩子的机会。此外，我们无法彻底看见、完全看清任何人，包括我们的孩子。所以，你不应该给自己太多压力，要求自己成神成圣。只要迈出一小步，让孩子感觉得到的看见和理解比之前更多就好。请享受这一步带来的回报，然后再迈出一步。每迈出新的一步，都会加深和增强你们之间的联结，并且让你的孩子做好准备，在他们自己的关系里也看见别人。这种影响会贯穿他的童年、青春期，一直到成年。

陪伴让我们合而为一

帮助孩子感到安慰

安慰

马克斯这样的孩子，你看一眼就会喜欢。他是个四岁的孩子，有着黑色的卷发、大大的棕色眼睛，还戴着一副眼镜。他聪明、富有创造力、充满活力。然而，有一个人对马克斯却不那么着迷，这个人就是他幼儿园的老师，布里德洛夫太太。马克斯非常焦虑，难以控制冲动、抑制情绪。许多老师喜欢情感热烈而好动的男孩，能够很好地将这些男孩面临的挑战转化为优势。即使在遇到困难的时候，这些老师也会为他们的幽默有趣而感到高兴。布里德洛夫太太不是那种老师。她是个强调纪律的老派教师，对任何"行为问题"都没有耐心。她既不能陪伴马克斯，也不能容忍他身上的能量。他们俩的性格不太匹配。

有一天，马克斯正在专心地给一幅画涂色，这幅画是要送给妈妈的。就在这时，布里德洛夫太太向全班宣布休息的时间到了。全班同学都排好了队，而马克斯还在涂色。老师叫了他的名字，但他却用不怎么礼貌的语气说："等等！"

布里德洛夫太太的回答如你所料："马克斯，我们不能这样说话。现在该排队了。"

马克斯只是摇了摇头，继续埋头画画。老师的下一个反应是走过去把他手里的蜡笔抢走。马克斯看着她，流着愤怒的眼泪恳求道："求求你，布里德洛夫太太！求求你，我只需要一分钟！"

事件还在继续升级。布里德洛夫太太伸手去拿马克斯的画，而马克斯把她的手推开了。布里德洛夫太太再次伸手去拿，就当马克斯试图保护那幅画的时候，画却被撕破了。就在这时，马克斯大发脾气，打了老师的腿。"这原本是要送给我妈妈的！"他尖叫道。

五分钟后，他来到了幼儿园的办公室，还在气冲冲地哭泣，这时辅导员来了。她一眼就能从马克斯的脸和身体姿态上看出他的愤怒。这位辅导员以前和马克斯一起工作过，对他很了解。她也对社会性和情绪的发展略知一二。她坐在马克斯身旁，把手放在他的肩上。"哎呀，小家伙，你生这么大的气呀。发生什么了？"

他余怒未消地说："我要用魔法把她变成一粒种子，等她长成一棵树。然后，等她长到很高的时候，我要把她砍倒，扔进碎木机，再把木屑和沥青混在一起，倒到马路上，最后再用压路机碾一遍！"对于一个小孩子来说，马克斯的反应虽然可能有些暴力，但显示出了惊人的创造性和计划性。

在这个富有想象力的年幼"伐木工"面前，辅导员尽力不表现出她觉得他的长远（真的很长远）复仇计划有多么幽默。她不想鼓励对于暴力的关注，但她对马克斯的创造力印象深刻，想要帮助他用自己的创造力做好事，而不是做坏事。所以辅导员花了一些时间来安抚他，让他恢复平静，让他明白自己原本可以换一种方式来处理这种情况。几分钟后，他们就可以进行平静、有效的对话了，而马克斯对发生的事情表现出了惊人的洞察力。在极端愤怒的情况下，他无法运用大脑中如此成熟、复杂的部分。

所以，如果当时布里德洛夫太太试图通过安慰马克斯来处理这个问题，用安慰来鼓励合作和解决问题，而不是试图管理和控制他，那又会怎样呢？如果布里德洛夫太太在事态升级之前就尝试看见并理解马克斯的内心，在他开始难过的时候意识到他需要帮助才能调节情绪，那又会怎样呢？毕竟马克斯只有四岁。她可以说："我看得出这幅画很重要。这是给谁的？"然后，她可以接着对马克斯说："我知道你喜欢给妈妈亲手做礼物。嗯，既然现在该出去玩了，那你觉得我们该把画放在哪儿，才能确保万无一失，让你之后再来接着画完呢？对了，放在我桌子上吧，和我其他非常重要的文件放在一起。这样你出去玩的时候，画就很安全了。等我们回来的时候，我保证你会有时间给妈妈画完你的画，这样你就可以在她来接你的时候给她一个惊喜了。"如果布里德洛夫太太能关注马克斯的内心，对发生的事情保持开放的觉察，不仅关注马克斯的行为，还关注他的内心世界，那么他们之间就能产生一种令人安慰的联结。这样，马克斯就不会感到孤独，而会感到有人和他站在一起。马克斯和他的老师的关系原本可以成为"我们"的关系，这样就能安慰他的情绪，让他顺利地从一种活动转换到另一种活动。想象一下这种做法会有多大的不同，可以节省多少时间，能够如何影响马克斯的大脑和神经系统，进而影响他的情绪和行为。这种做法带来的平静与情绪调节，原本可以缓解这次互动中的紧张气氛。

> 想象一下这种做法会有多大的不同，可以节省多少时间，能够如何影响马克斯的大脑和神经系统，进而影响他的情绪和行为。这种做法带来的平静与情绪调节，原本可以缓解这次互动中的紧张气氛。

相反，由于这次冲突实际上并不是这样处理的，马克斯则做出了典型的反应，这种反应甚至是在意料之中的。他被强烈的情绪压垮了，情绪越来越强烈，直到他失去了自我调节、控制身体、做出明智决定的能力。当然，在那时，老师就更不可能用临在的方式对待他了。布里德洛夫太太那时根本不可能想到去安慰马克斯。马克斯在难过的时候，也很难得到安慰。由于他在处理强烈情绪的时候没能得到任何帮助，所以他把这次教训内化了，而他与老师和其他成年人的无数次互动强化了这个教训。（这些人总是希望他能用自己无法做到的方式来处理自己的情绪。）他所得到的教训是：**当我被强烈情绪压垮的时候，不但没有人会帮我，甚至我还会惹上麻烦**。这些反复出现的互动实际上往往会增加情绪失调与焦虑的频率和强度。反之，如果老师能做到临在，运用开放的觉察，采取接纳的态度，就能给他安慰，让他的大脑开始编码新的心理模型：**如果我的情绪变得强烈、即将失控，有人会在我身边陪我，帮助我冷静下来，做出正确的决定**。这样的互动反复出现，通常会降低情绪失调与焦虑的频率和强度。

等马克斯恢复平静之后，老师依然可以处理问题行为，并且帮助他培养耐心和冲动控制等技能。但是，他需要一些帮助才能冷静下来，这样他的大脑才会从反应模式进入接纳模式，然后才能听到他需要学习的东西。这种简单的安慰行为，以及由此产生的联结，可能会改变马克斯的整个人生轨迹。他可能会和朋友一起去休息，而不是坐在办公室里酝酿有关种树和沥青的、暴力而耗时的复仇计划。通过反复的安慰，新的期待和心理模型会在他的头脑中得到强化。

这样一来，他就不会感到孤单，而感觉是有人和他站在一起的，成为"我们"中的一员。

多年来，在与学校和家庭有关的工作中，我们多次看到过这样的过程。对于孩子的强烈反应，如果成年人改变了自己的行为，孩子的行为也会随之改变。蒂娜曾与得克萨斯州的一个学区合作过，这个学区在教育方法上做出了一种转变，从注重行为的方法转变为注重关系、注重共同调节的方法，我们在《去情绪化管教》中对这种方法进行了概述。那个学区的教育工作者发现，对于那些情绪失调严重、反应最为激烈的学生来说，在他们出现问题的时候，如果给予他们共情、联结、安慰和支持，那么这种做法与行为惩罚、让他们去房间里冷静下来相比，反而能让他们更快地冷静下来。令人惊讶但又在情理之中的是，这些教育工作者发现，随着时间的推移，这种安慰的方法也能显著地降低行为问题和其他纪律问题出现的时长、强度和频率。

这很有道理，不是吗？假如你是一个孩子（甚至即便你是成年人），而你的情绪反应和神经生理反应淹没了你，你知道自己一定会因为这种无能为力的情形陷入麻烦，那么你就会体验到更多的痛苦、愤怒、恐惧和焦虑。这种经历可能会让人不堪重负。但是，如果你知道自己在难过的时候会得到帮助，你的神经系统就不必如此紧张了。这样一来，你就能跳出习得的反馈回路，阻止强烈的情绪制造恐惧与焦虑，进而制造更多的强烈情绪（这一切仅仅是因为你发现自己产生了强烈的情绪）。如果照料者给孩子这样的信息：如果你发现自己处于不堪重负、失去控制的情况下，你就会受到惩罚。那么，孩子的头脑里就会形成消极的反馈回路。相反，我们希望孩子能接收到始终如一的、支持性的信息：**如果你发现自己处于不堪重负、失去控制的情况下，我会帮助你，我们俩会一起努力，帮你恢复平静。你可能不会立即得到自己想要的东西，但那没关系。我会在这儿陪你。**

与孩子站在一起，会让他得到安慰。要与孩子站在一起，则需要我们用临在的态度与孩子相处。所以陪伴，就是我们用来安慰孩子的方式。

目标：走向内在安慰

我们在前面的章节里讨论过，如果孩子感到安全、被看见，那他的生活将会发生怎样的改变。在马克斯的故事里，你也看见了让孩子感到安慰的力量，或者，如果我们不能提供那种陪伴会发生什么。当孩子身陷困境的时候，或者说，当他感受到情绪痛苦的时候，他的神经系统会让他进入"战斗 – 逃跑 – 木僵 – 昏厥"的状态，而照料者的陪伴与互动能改变这种消极状态。他可能依然会痛苦，但至少他不会独自承受痛苦。父母用临在的态度陪伴孩子，就会给孩子带来这样的体验，而孩子也会感到被理解、被照顾。从科学的角度看，即使在痛苦与困境中，这样"站在一起"的过程也能改变孩子的体验，让孩子不再独自面对痛苦，成为更大的整体里的一员。这种"站在一起"的体验，也就是有人见证自身痛苦，然后得到安慰和联结的互动体验，能让人产生信任感，启动许多内在机制来治愈伤痛，减少痛苦，培养抗逆力。互动性安慰是通往个人内在安慰的大门。

换言之，反复的互动性安慰体验能让孩子产生一种内化的能力，让他能够在需要的时候安慰自己。通过这样的经历，孩子就会知道，当他受伤的时候，有人会不断地给予他陪伴。这样一来，孩子就能学会陪伴内在的自我，发展出主动安慰自我、调节自身情绪的能力。也就是说，他的照料者通过人际关系来安慰他，他就能建立起自我内在安慰的神经回路。

> 反复的互动性安慰体验能让孩子产生一种内化的能力，让他能够在需要的时候安慰自己。通过这样的经历，孩子就会知道，当他受伤的时候，有人会不断地给予他陪伴。这样一来，孩子就能学会陪伴内在的自我，发展出主动安慰自我、调节自身情绪的能力。

培养安慰自己的内在能力能带来巨大的影响。在愤怒、沮丧、失望或焦虑中，如果孩子能学着主动地帮助自己平静下来，这就说明他前额叶皮质（"楼上脑"）已经开始成长发育了。"楼上脑"的功能是什么？是一些我们最想让孩子培养的技能与能力（见图 5-1）。

安慰孩子有助于"楼上脑"的发育，
发展出更加复杂的功能。

✔ 明智的决策与计划

✔ 情绪与身体调节

✔ 灵活性与适应性

✔ 共情

✔ 自我理解

✔ 道德

图 5-1

也就是说，如果我们利用联结与关系来安慰孩子，让他们学会在内心安慰自己，那么我们不仅给予了他们在高压情境下保持冷静的工具（这是毋庸置疑的），同时，我们还利用了神经可塑性的力量，促进了他们大脑"硬件"的改变，帮助他们发展出更强的抗逆力，过上更充实、更幸福的生活（见图 5-2）。

内在安慰形成过程

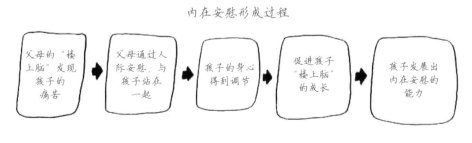

图 5-2

145

你可能会注意到，我们没有使用一些常见的术语，例如"自我安慰"，也没有使用它在科研中对应的术语——"自我调节"。相反，我们强调"自我"的体验既有内在的方面，也有互动性的方面。从这个角度来看，"自我"既存在于我们内部，存在于身体和大脑的内部，也存在于"我们"之间，存在于内在自我与周围世界之间——既存在于我们与他人之间的关系里，比如与父母和同伴的关系里，也存在于我们与宠物、我们与地球之间的关系里。我们可以通过出门呼吸新鲜空气、走进大自然、抚摸宠物狗、慢跑或游泳来找到"互动性安慰"。因此，我们的"自我"是与他人和地球相互联系的一部分。作为父母，让孩子了解这种"互动性"的自我部分，能够培养一种重要的关系意识，让他们意识到自己与其他"更多的事物"之间的联系，这些事物超越了他们内在的、身体的自我。我们将会看到，这种关于"更多的事物"的意识其实是一份宝贵的礼物，能让人对世界产生一种深刻的归属感，而这个世界远比孤立的、"自我中心的"视野所及的范围更宽广。当今社会往往过于强调自我，让年轻人陷入悲伤与孤独的痛苦境地。这样一来，你的陪伴就能让孩子感受到成为"我们"中一员的体验，这个"我们"，指的就是你们两个人。孩子会对那些超越自身的事物产生归属感，并且对关系自我、内在自我都会产生认同感。

此外，有了这些互动性的、"站在一起"的体验给孩子的"楼上脑"带来的这一系列变化，你为人父母的任务也会变得更容易。为什么？只要看看图 5-1 列出的"楼上脑"的功能你就明白了，想象一下你的孩子已经熟练掌握了这些技能。从长远来看，他们会获得更好的人际关系、更清晰的自我理解、人生的成功以及总体幸福感。从短期来看，你们俩的亲子关系会更加和谐，因为孩子会更加善于做决定、管理自己的行为、为他人着想、了解自我，并且按照道德与伦理的标准行事。所有这一切都始于安慰，始于所谓的"二元调节"或"共同调节"。在这样的调节过程中，你与孩子两人一起创造了更多的联结感、平静感，这样情绪就不会经常控制你们，造成破坏。

安慰自我的两个方面

内在调节

互动性调节

　　诚然，我们的目标是内在的自我调节，也就是让孩子能够调节他们的内心与情绪，但我们需要耐心等待。发展是需要时间的。这意味着我们要坚持共同调节，直到孩子学会自我调节。"楼上脑"要到 25 岁左右才能发育完全，所以在整个童年期和青春期（甚至一部分成年期）里，孩子偶尔会在难过时需要我们安慰他们，帮助他们平静下来。正如儿童和青少年在思考某些决定以及随之

147

而来的后果和风险时可能需要我们的建议，他们可能也需要我们在情绪调节方面给予支持。

安慰与绿色区域

要理解安慰的实际作用机制，最好的方法之一就是设想一些代表孩子情绪强度的区域。我们在《如何让孩子自觉又主动》中详细解释了这个理论模型。我们的基本观点是，在正常情况下，我们希望孩子处于绿色区域。在那里，即使事情变得有些挑战性，他们也能很好地控制自己，感到安全、有掌控感。如果他们过于激动，比如被愤怒、恐惧或其他不适的情绪造成了内心的混乱，让他们失去控制的时候，他们就会进入红色区域，此时他们的神经系统的活动就会增强。如果强烈的情绪让孩子不知所措，迫使他们陷入木僵或躲避的状态，他们就会进入蓝色区域，此时他们的神经系统的活动就会减弱，见图 5-3。（图是黑白色的，但你应该能明白我们的意思。）

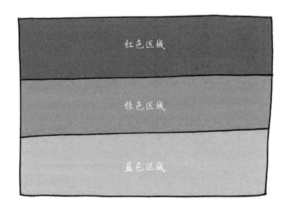

图 5-3

当孩子离开绿色区域时，他们会失去控制，要么进入混乱的红色区域，要么进入不知所措的蓝色区域，然后他们就会情绪失调。我们将这种状态称为"情绪失控"，因为前额叶皮质（即"楼上脑"）与劫持我们的思维、干扰自我调节、反应过激的"楼下脑"失去了联结。在这种失去联结的基础上，大脑不再以一个整体协调运作，不同脑区之间的沟通暂时停止了。在这种分裂的状态下，孩子需要一个人，也就是你，来协助共同调节，这样他们才能回到大脑整合的和谐状态，重获对于情绪、身体及决策过程的控制。

> 当孩子情绪失控时，他们需要一个人，也就是你，来协助共同调节，这样他们才能回到大脑整合的和谐状态，重获对于情绪、身体及决策过程的控制。

举例来说，请想象一下，你的女儿已经情绪失控了，完全进入了红色区域，而她发脾气的原因却非常荒谬。假设她想要爬进冰箱，让你关上门，这样她就能看到冰箱里的灯有没有熄灭了。你给她看了冰箱关门时会一同关闭的按钮，但她坚持要在里面观察。你拒绝了她，尽管你在强调行为界限时给予了共情，可她越来越激动，最终开始大发脾气。（如果你了解幼儿，你就知道这种场面并不少见！）

父母常会听到一条经典而古老的建议：不要理会孩子发脾气。有人告诉我们，不要给孩子的脾气任何关注，否则幼儿会把脾气当成工具，用来在你拒绝他的时候获得他想要的东西。当然，你不能仅仅因为孩子发脾气就向他让步，让他跨越你设置的行为界限或者做一些危险的事情。但事实是，发脾气往往是孩子真正失控的时候，尤其是对幼儿而言。虽然并非每次都是如此，但在这种时候，对孩子来说控制自己通常是"不能"的问题，而不是"不愿意"的问题。如果孩子在难过的时候不能控制自己，那么忽视他的脾气是否还有意义呢？在那一刻，他可能需要你来帮他重获掌控。

请回忆一下能够促进内部调节的二元调节。通过这种方式，这些共同调节的互动能促进孩子大脑的成长，让他们能发展出更具自主性的内部调节能力。从上文"各区域"的角度来看，当孩子处于蓝色或红色区域时，与他们建立联结，引导他们回到绿色区域，能教会他们日后如何自行做到这一点。这种育儿方法既关注创造绿色区域的状态，也关注在未来培养抗逆力的调节性神经回路。这样一来，我们就能帮助孩子培养技能，而不只是控制他们一时的行为。

> 我们希望帮助孩子培养技能，而不只是控制他们一时的行为。

此外，不管孩子是不是真的无法调节自己，失去了控制，大脑和体内的应激激素和威胁信号迅速增加（根据此时占主导地位的脑区，我们将这种现象称为"楼下脑"的脾气），还是说他能够控制自己，但选择利用哭闹来达到他的目的（"楼上脑"的脾气），我们都可以做出相同的回应。守住行为的界限，但同时也要为孩子的情绪和反应提供支持。许多父母经常忽略这一点：我们的确能够坚守行为和期待的边界，同时又对孩子和他的情绪保持温柔的态度。要么向孩子屈服，要么忽视孩子、忽视他的感受，这不是我们唯一的选择！我们可以先建立联结，然后对他加以引导。

> 我们的确能够坚守行为和期待的边界，同时又对孩子和他的情绪保持温柔的态度。要么向孩子屈服，要么忽视孩子、忽视他的感受，这不是我们唯一的选择！我们可以先建立联结，然后对他加以引导。

也就是说，我们的意思并不是说你要把蔬菜保鲜盒、牛奶、草莓全都拿出来，好让女儿爬进冰箱。我们只是说她需要你来安慰她，与她一起共同调节，这样她才能恢复理智，重新回到绿色区域。

通过这种方式，与孩子建立联结，她就能回到绿色区域。更重要的是，在你的帮助下，她将拥有从情绪失调回到情绪协调的经历。随着孩子的发展，每次这样的经历都会让她的大脑变得越来越强大，以后即使你不在她身边，她也能进行主动的自我调节。这种共同调节的互动会让孩子的大脑变得更加整合，在这个基础上，她会发展出内在的调节技能与抗逆力。

不要忽视孩子的脾气……

要安慰孩子，帮助她重返绿色区域

你既生气又难过，因为我不让你进冰箱。是的，我知道。但是那不安全，而我想保护你的安全。在你难过的时候，如果你需要我，我就会在这儿陪你。

对于不良行为也是如此。假设你九岁的儿子很生妹妹的气，把她新买的一个对讲机扔到墙上摔坏了。他正在愤怒地哭泣，完全失去了控制，此时不是与

151

他讨论尊重个人财产或者向妹妹道歉的最佳时机。在这种反应过激的状态下，他甚至听不见你说的话，也无法处理那些信息，此时他对妹妹没有任何共情。事实上，他想摔坏妹妹所有的东西！你会有时间引导他的，但首先，你要建立联结。如果安慰是你的第一反应，你就能帮助他平静下来。然后，等他回到绿色区域时，你就能引导他的行为，和他讨论向妹妹道歉，或者把零花钱省下来赔偿对讲机。你也可以更有效地与他合作，培养必要的技能，帮助他想出更好的策略来处理他下次发脾气的情况。

联结与引导
先建立联结，帮助孩子回到绿色区域

然后加以引导

我们并不想让这个联结 – 引导的过程听起来比实际上更容易。如果孩子像故事中那样，进入了红色区域；或者，如果他们跑开、躲起来、进入蓝色区域，既不和你说话，也不和你互动，父母就会感到很难受。如果你能在教育孩子之前，先帮助心烦意乱的孩子平静下来，那么你在未来就能更好地教他们如何处理各种情况。当然，有时你的努力不会立即见效或产生明显的效果，不会让他们立刻回到绿色区域。要让孩子冷静下来，让神经系统平静下来是需要时间的。在这种情况下，你只需要给予临在的陪伴，如果孩子不能自行冷静下来，你可以待在他的身边提供帮助，这样他就知道自己不用独自面对情绪困扰。

安慰：感受是重中之重

请回忆一下联结三角：感知、理解、回应。这里的回应必然包含话语，尤其是用关爱和共情的语调说出话。这种话语听起来会让人感到非常平静、大受安慰。"真的很疼，不是吗"或者"我在这儿，我在这儿"。认可、保证、确认以及表达共情都是用话语安慰孩子（或青少年，甚至是成年人）的有效方式。

但是，大部分的安慰都不是通过话语进行的。想想不同的语调会有什么区别。

即使孩子长大一些，这一点也同样适用。如果你就孩子做的某件事质问他，他可能会在愤怒和防御的情绪中攻击你，而你的语调会影响他是会进一步走向反应过激、沮丧以及红色区域，还是会返回平静、自控以及绿色区域。如果你让他感觉你在倾听他（"我明白，亲爱的，你觉得我没有听你的想法就开始责怪你了"），你就能更好地让谈话紧扣当前的问题，专注于教育和技能培养，减少孩子在发脾气时的人身攻击。

所有的非言语信息，如你的表情、眼神交流、语调、身体姿态以及回应的时机与强度，都有平息愤怒的巨大潜力。这些非言语信息是我们与他人建立联结的主要方式。请注意你可能给孩子传达的信息，即使你什么都没有说。

即使说的话是一样的，不同语调也能产生完全不同的效果

你的非言语信息表达了什么

在需要安慰的情况下，触摸的力量可能会产生巨大的影响。再次强调，请弄清孩子的现状，再根据他们的个性判断他们需要什么。有的孩子可能根本不觉得触摸有安慰的作用。然而，对大多数孩子来说，拍一拍或揉一揉他们的背，或者握着他们的手，抱着他们轻轻摇晃，可以很有效地帮助他们回到绿色区域。

从婴儿出生的那一刻起，拥抱就能产生奇效，尤其是在他们经历痛苦的时候。近期的一项研究发现，婴儿得到安抚和身体接触的多少，不仅能影响他们当下的情绪状态，还会影响他们的分子特征图谱[⊖]（molecular profile）。研究者对一些四岁大的孩子进行了研究，这些孩子在婴儿期经历了比正常情况更多的痛苦，并且得到的安慰性的肢体触摸较少。结果显示，在四年之后，这些孩子的生物层面发育落后于同龄人。不但如此，研究者还发现，这些消极影响甚至能改变儿童的生物化学特征，影响基因表达——也就是基因在所谓"表观遗传"调控中被激活的方式。还有些研究表明，住院的婴儿如果常被人抱，他们的康复、发育速度都会大大加快。皮肤接触，就像"袋鼠式护理"[⊜]中做的那样，不仅有安慰作用，还能真正地促进病痛的康复和生长发育。更重要的是，神经科学家詹姆斯·科恩（James Coan）的实验表明，如果一个人知道自己会遭受电击，此时要是有一个依恋对象（在实验中是恋人）握住他的手，那么当这个人遭受电击的时候，他报告的焦虑甚至身体疼痛都会减少。

⊖ 特定 DNA、RNA 或蛋白质分子的结构特征。——译者注
⊜ 强调皮肤接触的婴儿护理方式。——译者注

即使孩子长大了，在尊重与考虑个人喜好的前提下，父母依然可以将适当的身体爱抚作为教养的工具。蒂娜 12 岁的儿子已经比她高、比她重了，所以在儿子难过的时候，蒂娜没法把他抱起来（不过，要是能看见她试着这样做也是很有趣的，甚至还可能会让她有些尴尬）。不过，拥抱、坐在孩子旁边，用胳膊搂着他，同时抚摸他的背，依然可以起到很重要的作用。同样的做法，适用于蒂娜的一个青春期孩子，却不适用于另一个。一个孩子喜欢抚摸和拥抱，但蒂娜知道，在另一个孩子不高兴时，她只要坐在他身边，把手放在他胳膊上，或者也许搂着他的肩膀。我们要尽可能地把每个孩子当作独立的个体来对待，在特定的时刻为他提供他需要的东西。

请注意，在安慰孩子的时候，其他的 "S" 因素也能起到很大的作用。要做到共同调节，帮助孩子平息情绪的风暴，我们必须让孩子感到被看见、被理解。如果他们不能在最初向我们求助时感到安全，这一切都是不可能实现的。

> 请注意，在安慰孩子的时候，其他的 "S" 因素也能起到很大的作用。要做到共同调节，帮助孩子平息情绪的风暴，我们必须让孩子感到被看见、被理解。如果他们不能在最初向我们求助时感到安全，这一切都是不可能实现的。

如果孩子不能得到安慰，会发生什么

在孩子有情感需求的时候，照料者给予情感共鸣与关爱的回应，这就叫关联性回应。此时，照料者观察并理解了孩子的内在状态，并且尽可能地弄清了孩子的内在体验，然后给予与之匹配的回应。这就是联结三角。这样一来，孩子就知道父母理解自己。孩子会感到父母与他感同身受。不仅如此，他还会了解到，他能相信自己的内在体验，相信照料者能懂他。当幼儿园的辅导员安慰在办公室里哭泣、生气的马克斯时，我们就看到了这个过程。她的反应是有关联性的，因为她照顾了马克斯的感受，理解了他的感受，然后用及时而有效的方式做出了回应（"哎呀，小家伙，你生这么大的气呀。发生什么了？"），让他知道有人倾听他的心声、有人关心他。

无关联性的回应恰恰相反。这就是他老师的反应。就在冲突升级、马克斯开始进入红色区域的时候，布里德洛夫太太没能安慰他的情绪。没错，她对马克斯的行为做出了回应（"我们不能这样说话"），但没有注意到他正在表达的情绪。布里德洛夫太太从没说过"我知道这幅画是要送给你妈妈的，画完这幅画对你来说真的很重要"或者"我能看出来你担心时间不够，休息时间之后我们再谈谈这件事，让你画完"。因为这些情绪没有得到处理，所以布里德洛夫太太的回应是没有关联性的，四岁的马克斯只能独自应对他的强烈情绪。如果一个人不能接纳我们的内心世界，也不试图理解我们的内在体验，更没有努力给出及时而有效的回应，我们就会感到被误解、被忽视、没有爱，就好像自己不存在一样。面对这种无关联性的沟通，自然的反应可能就是愤怒地进入红色区域，或者在绝望和沮丧中进入蓝色区域。

照料者的无关联性回应与孩子当下的体验是不匹配的，这会让孩子要么怀疑自己的内在体验，要么怀疑照料者"理解我"和提供帮助的能力。这样丝毫不能安慰孩子，而孩子此时对于自身的强烈情绪，有两种主要的反应。其中之一就是忍受难过的情绪，独自处理困难的感受，这往往会让孩子更加难过。如果孩子离开绿色区域，而没有人能帮他处理强烈的情绪，那么神经系统就没有机会回到平静、协调的状态。在通常情况下，这意味着以后当事情不如意的时候，孩子承受痛苦的强度、持续时长和频率都会增加。

你可能还记得第 2 章的陌生情境研究，当婴儿和父母分离时，研究者有时会观察到所谓的矛盾型亲子依恋模式。在短暂的分离之后，父母回到了房间里（即"重逢阶段"），而这些孩子可能会表现出焦虑并寻求安慰，但照料者通常不能成功地安慰婴儿。换言之，这些婴儿难以安抚，因为仅在 12 个月大的时候，这些孩子已经从多次的经历中得知，父母可能无法安慰他。这种依恋策略是由特定父母导致的，这些策略与孩子的情境依赖型记忆有关——特定父母在身边时所激活的画面、感受和行为的记忆。在这种情况下，旁人可能会认为这个孩子很"黏人""无法平静下来""无法回到游戏中"。但事实是，这是一种关系状态，不是属于孩子一个人的特征。如果另一位与孩子有安全型依恋的父母在场，孩子的行为就会完全不同。这怎么可能呢？我们从一开始的讨论中就已经看到，重复的体验影响了大脑创造的心理模型，而心理模型对孩子与特定个体的所有经历建构了一个概括性的图式⊖。心理模型是我们的情境依赖型记忆系统的一部分。这种依恋的心理模型会被当下的体验所激活，因此父母中的一方可以激活安全型依恋，另一方也可以激活不安全型依恋。如果孩子反复感到父亲（或母亲）的典型反应是不可靠的，而且在满足自己的情感需求时表现得前后不一，这种矛盾的依恋心理模型就会发展得更为严重。在过去，这些父母有时能陪伴孩子，有时则不能。这种行为模式还包括父母在情绪上侵扰孩子。也就是说，父母的回应极度缺乏关联性，以至于他们自身的内在状态主导了交流的过程。我们已经看到，父母的焦虑侵扰孩子，让孩子无法表达恐惧也属于这样的情况。这样只会加剧孩子的痛苦，而不能给孩子安慰。在这种情况下，孩子的心理模型是一种困惑的心理状态。这就是为什么孩子会感到焦虑和矛盾，不知道照料者是否可以信任，是否能够安慰和帮助自己。所以，在这样的关系模式里（与特定父母进行特定互动的经历），婴儿根本无法得到安慰，因此会始终处于情绪痛苦中，无法迅速恢复平衡状态。这是一种关系状态，不是孩子在这个发展阶段独有的特征。

当孩子体验到强烈的情绪，却没有可靠的人帮助他们调节情绪的时候，他们还有一种主要的反应，那就是与自己的情绪断开联结。在陌生情境研究中，这种反应会使婴儿在重逢阶段表现出依恋研究者所说的回避型依恋。如果婴儿得知，他们的需求不会得到关联性的回应，他们就会产生这样的关系模式。也

⊖ 帮助人们获得和利用信息的概括性认知结构。——译者注

就是说，如果他们需要安慰，而照料者却不给他们安慰，他们就会内化这样的现实。所以，尽管他们对于依恋的先天、本能需求依然存在（这一点可以从心率和其他应激生理指标的升高中看出），但他们已经与这位父母形成了缺乏联结的依恋心理模型，即回避型依恋模式，以适应这位照料者的惯常回应方式。这往往意味着，孩子不会表现出自己的痛苦，甚至不会要求父母给予情感回应。在重逢阶段，当父母回到房间的时候，婴儿不会重新与父母寻求联结，也不会寻求安慰以缓解自己在照料者离开房间时感受到的痛苦。同样，照料者也不会给予任何安慰。他们很少关注孩子的内心体验。孩子只关注玩具和外部世界，父母也是如此。我们可以看出，在这样的关系中，依恋策略的侧重点在于行为与事物的世界，而不在于内部的心理状态——感受、想法与记忆。

当照料者无法安慰孩子的时候，孩子产生的这两种依恋策略（停留在情绪痛苦中，即矛盾型依恋；或者与自己的感受断开联结，即回避型依恋）都会妨碍孩子过上丰富而有益的情感生活。这可能意味着，他们难以看见自己的情绪，因此也难以安慰自己。在一个完美的世界里，所有父母都应该在孩子难过时为他们提供善解人意、敏感、及时、可靠的照料，帮助他们形成安全型依恋。如果孩子能建立可靠的、有关联性的联结，他们就会发展出安全型依恋。在陌生情境研究中，对父母表现出安全型依恋的孩子就能够获得这样的安慰，这就是为什么他们在重逢阶段会表达自己的难过，会来到照料者身边，而他们也能很快得到安慰，回到游戏中去。他们感到有保障感，因为父母会在他们下次需要的时候在身边安慰他们。不幸的是，只有稍稍过半的孩子能从主要照料者那里得到这种始终如一的关联性照料，有太多的孩子缺乏这种保障感。

安慰不同于溺爱

在我们介绍帮助孩子感到安慰和有保障感的实用建议之前，我们先重申一个重要的观点：我们并没有说过孩子想要什么就给他们什么。我们说，要安慰难过的孩子，甚至当孩子做出了有挑战性的行为时也要安慰他们，有些父母会认为我们在鼓励纵容型的教养方式。纵容型的教养方式很少设置行为界限，放任孩子肆意妄为。我们并没有这样说。

> 我们说，要安慰难过的孩子，甚至当孩子做出了有挑战性的行为时也要安慰他们，有些父母会认为我们在鼓励纵容型的教养方式。纵容型的教养方式很少设置行为界限，放任孩子肆意妄为。我们并没有这样说。

如果你读过我们其他的书，就会知道我们非常支持为孩子设置清晰明确的界限，甚至支持对孩子抱有很高的期待，尤其是在尊重自己、尊重他人等方面。有一句老话说，孩子需要界限。这句话完全正确。没有规则和界限的世界是混乱的，这样的世界很可怕。孩子需要知道别人对他们有何期望。他们需要知道哪些做法是可以接受的，哪些做法不可接受。这样能帮他们觉得世界是可以预料的，是安全的。

没有规则的世界

规则能提供安全护栏

此外，孩子需要习惯于听到"不"这句话，并将其内化于心。这样能让他们练习控制自己，阻止自己做不该做的事。毕竟，世界肯定不会一直对他们说"好的"。而且，他们肯定不能随心所欲地做事，而不承担一些相当严重的后果。

尽管如此，当你在对某些行为说"不"的时候，你也可以对孩子的真实自我和感受表达接纳。你当然要设置界限，但接纳孩子的真实自我，不意味着任由他在餐厅里乱扔薯条，也不意味着你要容忍他打襁褓中的弟弟，或者对你出言不逊。这意味着，即使在你纠正不当行为的时候，也会珍惜亲子关系。设置界限是爱孩子的表现。但是，我们可以用传达爱与接纳的方式来设置界限，我们爱的、接纳的是孩子的人，而不是他的不良行为。

即使你在对某些行为说"不"，也要接纳孩子的真实自我和她此刻的感受

请想象一下，有一天晚上，你允许七岁的孩子晚一些睡觉，因为他哥哥邀请朋友到家里来玩了。但到了他睡觉的时间，他却哭着不愿意睡觉。你可能会感到很沮丧，并且严厉地回应道："我已经让你多玩一会儿了！你还在哭什么？我多给了你 30 分钟，你应该高兴才对。马上去睡觉。"甚至你还可能会说一些这样的话："如果你再闹，下次我不会让你再多玩一会儿了。"

几乎每个父母都曾在愤怒的时候说过类似的话。在我们生气的时候，我们都会用我们不喜欢的方式处理问题（并且希望邻居不会听到）。但请注意，恼怒的反应不但可能不能帮孩子恢复平静（他甚至可能会在红色区域陷得更深），而且完全无助于达成你当时的主要目标——让孩子准时睡觉。现在他哭得更厉害了，这意味着他要花更长的时间才能睡着。此外，睡前的争吵也会让父母进入红色区域。有时，我们最后会大喊："去睡觉！"这不是很讽刺吗？好像有人愤怒地大声叫你睡觉就能让你睡着似的。我们父母凭本能反应做出的行为常常适得其反，这实在是很有趣——我们常常违背自己的目标。

相反，安慰的回应不仅更有爱心和同情心，实际上还更有效。这样能促使儿子遵守与你达成的共识，还能承认他的感受，并帮他平静下来，尽早入睡。你可能会说："我知道你很失望。你不想错过玩耍的机会。我知道，在其他男孩都在玩的时候去睡觉让你很难受。这很难，不是吗？"然后你可以稍做停顿，然后接着说："我知道，失望的感觉不好。让我先帮你盖好被子，然后我们再谈谈你什么时候可以请朋友过来玩，也许还能请朋友来过夜。"这就是一种关联性的回应，充满了关怀，也尊重了界限与规则。

不要用命令和要求的口吻……

也不要向孩子屈服……

要强调边界，但也要安慰

　　你需要根据你和孩子的真实自我来选择合适的话语。你要确保在语调和非言语沟通中表现出共情，尽量不要说教，也不要说太多的话。只要给予临在的陪伴、暂停一会儿，然后说一些简短的、共情的话，这往往比说教或过多的解释更有效。我们可以用无数种方式来安慰孩子，其中的关键在于，即使在你安慰孩子的时候，也是可以坚守界限的。即使你没有向孩子屈服，你依然可以给予孩子情感的陪伴。换言之，你应该把你与孩子的关系放在首位。在涉及行为问题的时候，大多数事情都可以放在次要的地位上。把你需要教给孩子的东西教给他，但要重视关系，优先考虑关系。

把你与孩子的关系放在首位。在涉及行为问题的时候，大多数事情都可以放在次要的地位上。把你需要教给孩子的东西教给他，但要重视关系，优先考虑关系。

你能做什么：帮助孩子学会自我安慰的策略

正如我们在这一章开头所说，在孩子受伤的时候，我们之所以要给予关联性回应，是因为我们的主要目标是让孩子发展出自主的、内在的自我安慰能力。每当孩子情绪崩溃时，输掉比赛后生闷气时，或者为学校里的某件事感到焦虑时，父母可以多次给予他们互动性的安慰，与他们一同努力，让他们恢复平静，回到绿色区域。其他人可能会将这种理念称作"容纳"（containing）或"创造情绪空间"（holding the space），也就是让孩子感到安全，能够表达强烈、困难的情绪或想法，而我们不会做出过激的反应。这样一来，孩子在面对障碍、体验到情绪痛苦的时候，他们就会发展出一种内化的、安慰自己的能力。我们现在给予孩子安慰，能让他们在未来需要安慰而我们不在身边的时候，学会安慰自己。更重要的是，他们也会更善于安慰朋友、兄弟姐妹（没错，这种事的确会发生）、伴侣，以及自己的孩子。

除了给予孩子始终如一的陪伴，在孩子需要我们的时候给予安慰之外，我们培养孩子内在自我安慰的神经回路的最好方法之一，就是给予他们一些具体的工具，这样他们就可以在内心陷入混乱、即将失控的时候用这些工具来创造内在的平静。这里有一些策略可以帮你做到这一点。

策略 1：制造保持平静的内在工具箱

我们在前文提到过"主动安慰"的理念，也就是不要在混乱的情绪彻底爆发时再去处理，而是要设法在情绪反应变得过于强烈之前予以控制。这样一来，你就可以在一开始帮助孩子不要远离绿色区域，同时还能培养他们的情绪调节技能与抗逆力。制造保持平静的工具箱也是类似的想法。也就是说，你要在问题变得难以控制之前找到解决问题的办法。其基本理念是，你要和孩子一起努力，提前想出一些简单易行的策略，供他在完全进入红色或蓝色区域之前使用。

你首先要做的是，和孩子聊一聊，解释一下，尽管生活中难免会有失望和沮丧的情况，但我们在那种时候也不必束手无策。我们可以解决问题，可以预先考虑并想出一些方法，让我们在强烈情绪即将失控时能有办法应对。

> 告诉孩子，他们可以解决问题，可以预先考虑并想出一些
> 方法，让他们在强烈情绪即将失控时能有办法应对。

你和孩子想出哪些具体的方法完全取决于你们，但这里有一些建议。

创造一个"冷静洞穴"

有时我们需要离开当下的情境，让自己从高压的环境中解脱出来。我们的孩子也是如此。如果他们在强烈情绪即将失控时，能有一个地方休息、恢复，这将是让他们返回绿色区域的有效工具。所以，你可以在孩子感觉平静和镇定的时候，花几分钟时间为他创造一个"冷静洞穴"，让他在下次感到难过的时候可以去那里。

在客厅里支一顶小帐篷就可以达到这个目的，也可以利用衣橱的一角，或者在桌子上搭一张桌布。你可以和孩子一起在这个"洞穴里"塞满他喜欢的毛绒玩具、柔软的枕头、毯子、书籍、耳机、橡皮泥，或者其他能安抚孩子的东西。让孩子参与这个创造冷静空间的过程，能够让他感到更有力量。然后，你们要努力让这个空间只和积极的因素产生联系。如果你让孩子到那儿去受罚，那里就不会再是一个让人平静的地方了。但是，如果孩子感到难过，你可以建议他去"冷静洞穴"，就好像这是一种特权一样："你想去那个'冷静洞穴'里

安静一会儿吗？如果你觉得那样有用的话，我就同意你去那儿。"或者说："你现在需要什么东西才能帮你感觉好些？要不要我在你的'冷静洞穴'里放一些零食？"重点在于帮助孩子设置一个让他感到轻松自在的地方，让他知道自己可以在情绪即将失控时去那里。

冷静洞穴

选择一些让孩子感到安慰的音乐

我们鼓励孩子放进冷静工具箱的另一项自我安慰工具就是歌曲。这样他就可以在心烦意乱的时候唱或听。不同的孩子选择的歌曲也不同。你的孩子可能会觉得古典音乐能让他平静下来。其他孩子可能会喜欢摩城音乐⊖，或者像丹尼尔的儿子亚历克斯·西格尔（Alex Siegel）所作的复杂而欢乐的音乐。（请原谅这位骄傲父亲的插话！）有些孩子很喜欢森林和海滩的声音，或者视觉想象指导语。或者，如果你的孩子喜欢的风格非常多样化，你甚至可以为他创建一个播

⊖ 黑人音乐与流行乐结合的一种美国音乐形式。——译者注

放列表，让他在需要平静下来的时候听。这样一来，他可以聆听不同风格的曲目，找到最有助于平息内心混乱的音乐。即使是戴上耳机、选择歌曲的行为本身，也能帮助孩子采取主动的态度来帮助自己。

音乐能让内心的野兽平静下来

设计一系列释放能量的动作

除了让孩子拥有可以逃避的"洞穴"、可以播放的音乐以外，可以教给孩子的最好的自我安慰技巧之一就是简单地活动自己的身体。跳舞、原地跑、摇摆、运球、转圈——任何能活动身体的方法都能降低神经系统的唤醒程度。身体运动对大脑的活动有着直接的影响。事实上，身体每时每刻都在向大脑发送信息，包括有关情绪的信息。当你感到焦虑的时候就会胃疼，当你生气的时候就会咬牙，当你警觉的时候肩膀就会紧绷。想想这些情况，你就明白了。这是因为身体在发送信息，无论我们有没有意识到这些情绪。

当身体剧烈运动时，人的情绪状态就会完全改变。愤怒、沮丧、紧张以及其他的消极情绪就会得到释放，情绪平衡也能得以恢复。换言之，运动能安慰身体和身体里的情绪。

> 当身体剧烈运动时，人的情绪状态就会完全改变。愤怒、沮丧、紧张以及其他的消极情绪就会得到释放，情绪平衡也能得以恢复。

这是一个非常简单的概念，甚至最年幼的孩子也能理解。我们认识一位母亲，她在听完我们的演讲后，就开始经常使用这种方法。她说，她首先会承认孩子们的感受，让他们感觉到她的共情（这是关键），然后立即让他们动起来。她会让孩子在家里跑来跑去，或者她会说一些这样的话："和我一起跑到后院去吧。我好像听见我们昨天看的那只鸟的声音了。"无论做什么，只要能让他们用上肌肉、活动身体就好。她的孩子还小，一个三岁，一个五岁，而她对我们说：

"等孩子长大之后，我敢肯定我还得改变这方面的策略，但现在，让他们动起来比我们做的任何事情都更能缓解受伤的感觉。"

就像其他技巧一样，这种办法不会每次都奏效。这只是你工具箱里的一种工具。但是，这始终是帮助孩子改变情绪状态的有效方法。如果你能帮助孩子理解你在做什么，他就能在需要的时候多一种可以运用的策略。等他到了十几岁的时候，他甚至可能会意识到，他在难过的时候能做的最好的事情之一就是跑步。

约定好"求救信号"

我们要在这里讲的最后一个工具，就是告诉孩子，他们不必每次都使用内在的自我安慰策略。他们不是孤立无援的。事实上，无论是小孩子还是大孩子（甚至是成年人），他们帮助自己的最好方法之一，就是在需要的时候向他人求助。在我们一生的各个阶段，我们可能都需要别人来帮助我们调节自己的内在状态。无论我们的年龄大小，这种共同调节始终存在于亲密的关系之中。尤其是在童年早期，年幼的孩子尤其需要这种帮助，但我们都需要利用共同调节来平衡内在的调节资源。这种共同调节就来自于我们与他人的关联性联结。

有时我们需要别人的帮助。也许我们只是需要谈谈、哭泣或者拥抱。正如我们所说，孩子在小时候尤其需要这些。他们需要我们陪在身边，让他们知道什么是安慰。即使他们长大了、成熟了，他们也常会陷入难以摆脱的困境。所以，意识到我们什么时候需要求助，是一项需要培养的重要能力。

请给孩子讲讲如何关注自己的内心世界，向他们解释在需要的时候寻求帮助有多重要。只有这样，你才能同时关注安慰的内在方面与互动性方面。你的孩子可能很擅长在这种情况下表达自己的需求，但很多孩子并不擅长。在这种情况下，就需要和孩子约定好一个"求救信号"。这个信号可以是一个他们能用的暗号，意思是"我需要帮助，我现在不知道该怎么让自己冷静下来"。也可以是一个他们觉得有趣的词，比如"杂交草莓"，也可以是虚构的滑稽的词，还可以选择一个更常见的词，如"硬纸板"。你们甚至可以不用语言，而用一种非言语的代号，比如当他们拉耳垂的时候，就是在告诉你"我需要帮助"。

他们如何传达这些信息并不重要。重要的是他们要明白，即使他们在学习内在的自我安慰，有时他们仍然需要你的陪伴，帮助他们进行互动性的自我安慰。

如果你能与他们一起努力，帮助他们学会用内在的、互动性的方式来自我安慰，就能带来诸多益处。其中最为明显的益处就是，在他们进入青春期、长大成人之后，每当面临艰难困苦的时候，他们将会更好地独立应对这样的情况，更好地学习内在调节和互动性调节的有效技能。另一个相关且重要的好处是，通过为他们提供冷静下来的工具箱，让工具箱里装满了应对痛苦情绪的策略，你给了他们力量。他们会明白，当他们感觉自己即将失控的时候，有许多具体的策略可用。有些是内在的策略，有些是互动性的策略。我们在一生中都需要这两种策略。如果红色区域的愤怒即将冲昏孩子的头脑，或者蓝色区域的阴霾即将让他们不堪重负，让他们只想躲起来什么都不做，那么他们可以采取一些具体的措施，这样就不会受情绪和情境的控制了。

如果红色区域的愤怒即将冲昏孩子的头脑，或者蓝色区域的阴霾即将让他们不堪重负，让他们只想躲起来什么都不做，那么他们可以采取一些具体的措施，这样就不会受情绪和情境的控制了。

还要注意的是，与大多数全脑教养原则和策略一样，这里所说的一切也适用于成年人。（也许你也想在壁橱的角落里腾出一些空间来藏巧克力？）

策略 2：提供 P-E-A-C-E

孩子不高兴的时候，有许多技巧和策略可供我们使用。我们在这里列举了一些，在各种育儿书籍和线上资源里还有无数其他的方法，你还能发挥创造性思维想出自己的方法。但事实是，没有什么灵丹妙药能每次都起作用，当孩子难过的时候，该说什么、做什么才能让他们感觉好一些，也没有"唯一的正确答案"。

然而，对于孩子的痛苦，有一种回应几乎总是正确的。这种回应不一定总能有效地帮孩子平静下来，也不一定能立即带来你想要的结果。但是，从陪伴孩子、表达何谓爱意与安慰的角度来说，这是正确的做法。你可以为孩子 P-E-A-C-E 这五种回应：临在（presence）、投入（engagement）、爱意（affection）、平静（calm）与共情（empathy）。

P resence	临在
E ngagement	投入
A ffection	爱意
C alm	平静
E mpathy	共情

我们来具体讨论一下 P-E-A-C-E 的含义。在这个首字母缩略词中，每个字母都代表了一个关键的组成部分，也就是说，当孩子在处理某种情绪痛苦时，你应该这样陪伴他们。

临在

当孩子受伤的时候，请陪在他们身边。要陪伴他们，而且要做到临在。我们在整本书里都在讨论"临在"这个概念。当孩子遭受某种痛苦，需要我们的帮助时，没有什么东西比这更重要了。临在意味着保持开放的觉察状态，用接纳的态度邀请孩子与你建立联结。在这样的心态下，我们不会评判孩子，而是会尽可能清晰地看见他们的真实自我。我们要保持开放和接纳的态度，让他们在需要的时候可以找到我们，这样他们就会知道，他们在我们心中很重要，他们并不孤单。

当孩子需要你的时候，请陪在他身边

有时孩子不得不等你下班回家，或者如果你出差了，他就只能和你在电话里交谈。但他知道，如果他需要你，就能找到你。

请记住，临在也意味着与孩子拥有足够的情感共鸣，并且对孩子的情况有足够的理解，这样你就能意识到他什么时候不想要你待在身边。有时候，你能够看出，此时能说的最恰当的话是："现在我会给你一些空间。如果你需要我的话，我就在厨房。"此时的重点是，你给予了临在的陪伴，孩子如果需要，就能随时找到你。孩子不必怀疑你是否关心他，也不必怀疑你是否会在他需要的时候出现。

投入

P-E-A-C-E 中的第二个部分，就是在陪伴的时候真正投入其中。投入指的是你给予临在的方式。你要主动倾听。你要运用非言语的沟通方式来表达孩子对你有多重要，以及你有多重视、多关心他告诉你的事情。你要有眼神交流，要点头。你可以用手搂着他，或者在他哭泣时拥抱他。你要给予孩子临在的陪伴，而且要全身心地投入其中，与孩子和他的痛苦产生联结，不要说服他不要感到痛苦，也不要贬抑痛苦，更不要说教。

这里有一个练习，能帮你思考非言语沟通的不同方式。你可以用手，从上到下地指出七种非言语信号，提醒自己有许多不用说话就能与孩子交流的方式。首先，你可以用食指在脸上画圈，代表面部表情；然后指向你的眼睛，代表眼神交流；现在，再指向喉咙，代表语调；接下来，指向肩膀和身体，代表你的身体姿态；动一动你的手和胳膊，代表手势；指向你的手腕（戴手表的位置），代表你做出回应的时机；最后，双手握拳，表示你回应的能量与强度（见图 5-4）。

到了需要与孩子投入地交流，帮助他安慰自己的时候，我们可以采用的方法几乎是无穷无尽的。找一种最适合你的方法。

我们的多种非言语沟通方式

面部表情

眼神交流

语调

身体姿态

手势

回应的时机

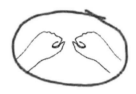

回应的强度

爱意

当孩子难过的时候，请表达你的爱意

全身心投入，包括找到直接和间接的方式来表达你的爱意。你要用语言和行动来表达：你对孩子的爱有多深；你对他经受的痛苦有多关心；如果可以的话，你有多想帮忙。无论是对孩子还是成年人，安慰一个人最有效的方式之一，就是帮助他感到充分的、无条件的爱。

平静

有时，保持平静是 P-E-A-C-E 中最难以做到的部分。然而在某些情况下，平静不难做到，比如孩子对游乐场的规定感到生气，而这些规定与你没有直接关系。但如果他在近期的考试里不及格，而他曾向你保证他已经做好了充足的准备，或者他与你产生了某些其他的冲突，而他对你进行了言语攻击，此时要保持内心的平静可能就会成为真正的挑战。在这种情况下，让你自己留在绿色区域就显得十分重要了。在亲子关系中，你需要表现得像个成年人。当然，你可以不高兴，感受到你当下的情绪并没有什么不对，在合适的时候用合适的方式表达你的情绪更没有什么不对的。但是，你越是能为孩子做出良好的榜样，示范如何表达自己的感受而不攻击他人，也不失去控制，孩子就越能学会情绪管理以及在关系中尊重他人。

在冲突中营造平静的氛围

要在孩子难过的时候营造平静的氛围，我们最喜欢的技巧之一，就是在讨论的时候让自己待在孩子的视平线之下。这样做的目的是告诉你们两个人，你丝毫没有威胁孩子的意思。请记住，如果你用任何方式将"威胁"传达给了孩子，孩子的大脑就可能进入威胁 - 反应模式。如果你做出与威胁截然相反的姿态，放松地坐在孩子视平线以下，就传达出了"没有威胁"的信息。这样孩子就会意识到他不需要保持防御的姿态，不需要进入战斗的状态，然后他就能放下"武器"了。

待在孩子的视平线以下并不是顺从的姿态。这样做不是为了表达顺从。在这种情况下，你可以也应当按照父母的身份行事。这只是一种策略性的身体姿态，以便用互动性的方式降低孩子神经系统的激活程度，就好像你在调低孩子的反应强度。有时，你甚至可以想象，你在慢慢地调低音响的音量，这样也能对你有所帮助。你只是在用身体姿态和肢体语言进行沟通：即使你和孩子生彼此的气，你也向孩子表达了你愿意陪伴他，而不想威胁他。这种方法之所以有效，是因为我们用了不带威胁的肢体语言，这种肢体语言与咄咄逼人的、有压迫性的身体姿态激活的神经网络是截然不同的。大脑从身体那里得到的信息是：现在是安全的，没必要进入战斗状态。

共情

P-E-A-C-E 中的最后一个方面是共情，这意味着即使你对他人的处境没有亲身的经历，你也能对那种体验保持敏感的态度，这样能让你与他人感同身受。共情也包括一些其他的组成部分，例如观点采择[⊖]、认知理解、共情性喜悦以及共情性担忧。在充满关爱的安全型依恋亲子关系中，共情来自父母的情感共鸣，能让孩子觉得父母与他感同身受。尤其是与临在、投入、爱意与平静相结合时，共情有助于创造理想的环境，让孩子回到绿色区域里。

⊖ 观点采择（perspective taking），即推断别人内部心理活动的能力，也就是能设身处地理解他人的思想、愿望、情感，等等。——译者注

再次强调，没有什么放之四海而皆准的办法，能治愈孩子所有的情绪伤痛，解决所有的问题。但是，如果你能用 P-E-A-C-E 的方法与孩子沟通，就能确保孩子感到被理解、被照顾、被爱，所有这些都是安慰的重要步骤。

陪伴自己

生活是美好的，充满了惊奇与意义。但是，生活有时也很痛苦，很艰难。我们每个人都必须面对障碍、困境、挫折和心碎，没有一个人例外。我们面临的挑战有时需要我们付出每一份力量，鼓起每一份勇气。我们珍视的关系会结束。我们会面对令人心碎的丧失。健康、事业、家庭、经济状况以及其他重要生活状况的变故会让我们遭受打击。

如果我们幸运的话，我们在成年生活中会拥有依恋的对象。在我们家庭、伴侣、友谊等支持系统中，这些重要人物能帮助我们度过最为艰难的时刻。我们当中的一些人，在小时候从照料者那里得到了安全型依恋，照料者为我们提供了整合的神经回路，给了我们承受风吹雨打的力量与抗逆力。这样一来，在我们大脑生长发育的时候，我们感到了安全、被看见、被安慰，而现在我们拥有了安全型的内在依恋模式。如果生活中出现了不可避免的困难，即便要忍受当下的煎熬，我们也知道自己可以渡过难关。

不过，那是幸运的情况。我们当中的许多人（大约 10 个人中就有 4 个这样的人）在小时候没有得到这样的抚育。我们没有那种让我们感到安全、让我们感到被看见的家庭。我们当中有些人拥有不一致的依恋体验，因此没能发展出内在的自我安慰能力，因此反而更加依赖那些不可靠的人。在这种矛盾型依恋的情况下，我们形成了增强联结驱力的应对策略。还有一些其他人，与主要照料者有过回避型依恋的经历。在那种情况下，我们不得不发展出某种内在机制，也就是心理模型，来减少我们对于联结的驱力。毫不夸张地说，这样不仅让我们与自己的内在世界失去了联结，也失去了与其他人的联结。更重要的是，在回避型依恋的情况下，如果我们受伤了，我们就只能独自面对。当我们生气、失望、受伤或体验到其他任何形式的痛苦时，没有人来安慰我们。我们必须独自应对生活中的挑战。

> 如果我们受伤了，我们就只能独自面对。当我们生气、失望、受伤或体验到其他任何形式的痛苦时，没有人来安慰我们。我们必须独自应对生活中的挑战。

在混乱型依恋的情况下，我们的照料者成了恐惧的来源，我们内心中有向照料者寻求保护的驱力，但同时也有逃离这个人，逃离痛苦之源的驱力。这种分裂的体验导致了内在的解离状态，尤其是在压力中，这种状态会变得更为明显。如果这种生物学悖论成了我们传承下来的依恋模式，那就连我们的现实感，也就是我们的认识性信任，也会变得极不稳定。在这种情况下，无论是内在的安慰还是互动性的安慰，我们都得不到；在混乱型依恋的体验中，甚至连我们对于"什么是真实"的感觉也会支离破碎。

请回顾一下你自身的经历，重点回忆一下，在感到难过的时候，你能在多大程度上感受到安慰。你的内心体验得到过照料吗？请看看下面的问题，回顾自己过去和当下的体验，给自己一些时间思考每个问题。你对自己的过去了解得越清楚，就越有助于认识自我，增进亲子关系。

- 在你小时候感到难过时，谁会陪在你身边？对于父母或照料者的陪伴，以及他们用 P-E-A-C-E 的方法与你沟通的经历，你有哪些具体的记忆？

- 如果你确实在难过的时候得到过这样的情感共鸣，那你想把这种共鸣的哪些方面给予自己的孩子？

- 如果你在童年没能得到这样的抚育，你是如何学会应对这种缺失的？你是否经常忍受痛苦，直到哭出声来？你是否学会了否认自己的感受，忽视感受的重要性？

- 作为一个成年人，你现在会如何面对困境？在你面对挑战的时候，有没有人能给你支持？一旦你离开了绿色区域，你是否会很难回来？当你生气、难过或失望的时候，你是更容易体验到红色区域的"情绪洪水"（情绪失控），还是更容易感受到蓝色区域的"情绪荒漠"（感到茫然、忽视内心的一切感受）？

- 当你的孩子难过时，你能否陪伴他们？你能用 P-E-A-C-E 的方法与他们沟通吗？他们能指望你给予临在、投入、爱意、平静和共情吗？还是说，他们只能独自处理困难的情绪？

- 你有没有遇到过这种情况，即孩子的情绪让你感到非常困扰，而你又加剧了他们的痛苦？换句话说，你是否有过没能做到共同调节，反而让事态升级的情况？

- 请花些时间想想你的每一个孩子。请在脑海里想象他们各自陷入某种情绪困扰的样子。你很了解他们，很可能知道他们不开心的原因。也许你有一个特别敏感的孩子，他很容易被情绪淹没。也许你有一个大一点的孩子，他现在正为你对电子设备或睡觉时间的规定而感到不高兴。无论你的孩子是什么样的，请想一想，如果事情不如他们所愿，他们会有什么感受和想法。你想如何回应他们？考虑到你自己的童年经历，你怎样才能最有效地用 P-E-A-C-E 的方法与孩子沟通？你想在临在方面做得更好吗？在完全投入方面呢？你想更好地表达爱意、更平静、给予更多的共情吗？即使你没有从自己的父母那里得到你需要的安慰，你依然可以陪伴孩子，给予孩子所需的安慰。下次他们需要你的时候，你打算怎么做？

陪伴孩子，就是要在他们身边支持他们，甚至（尤其是）在他们状态最糟糕的时候。这是他们最需要你的时候。所以，请花些时间在内心反思一下，对你自己受到的教养形成更为连贯的叙事。你可以学习新的有效策略，包括内在策略与互动性策略，来安慰自己并缓解内心的痛苦。通过清晰地认识现在的自己，对于"过去的关系如何塑造了你"形成连贯的叙事，你就可以在自己的生活中获得并习得安全感。此外，通过学习新的、有益的内在和互动性安慰技巧，来安慰自己的内心、与他人建立联结，你不仅能获得洞察力，还会获得平静的情绪状态。这样一来，你就能用 P-E-A-C-E 的方法来与孩子沟通了。他们也能在成长为青少年和成年人之后，知道何谓抚育和安慰，而且他们也能学会如何为自己、为他们所爱的人提供那样的关爱。

将所有"S"合在一起

帮助孩子产生保障感

保障感

现在我们讲到了最后一个"S"，这是我们全书一直努力阐述的目标：让孩子心中产生保障感。如果孩子能感到安全、被看见、被安慰，他们就会形成安全型依恋，感到有保障。

为了举例说明，我们来讲述一位名叫贾迈勒的父亲与他 12 岁的儿子克莱之间的一次冲突。克莱参加的童子军刚刚从为期一周的露营活动中回来，为了庆祝成功，他们打算一起去看电影。男孩们选择了一部 R 级的电影。当贾迈勒在网上了解到这部电影时，他很清楚这是一部不适合 12 岁儿子看的电影。当贾迈勒问其他家长对于这件事的看法时，有几个家长也表达了一些担忧，但他们的回答都是类似这样的话："我也不喜欢这样，但其他男孩都要去，所以……"贾迈勒也不喜欢告诉克莱他不能和其他伙伴一起去玩，但他在下定决心的时候，却没有一丝犹豫。克莱不能去。

不出所料，克莱非常愤怒。他进入了混乱的红色区域。他首先表达了震惊："你是认真的吗？但是大家都会去的！"然后他开始对父亲大吼大叫："你还记得小时候是什么样的吗？只有我一个人去不了！我真不敢相信你想让我被大伙扔下！"贾迈勒试图解释，甚至提出在同一时间带他去同一家电影院去看一场不同的电影，这样在电影开始前和结束后，他都能和朋友在一起，但克莱对这个"愚蠢"的替代方案不感兴趣（我们也可以理解这一点）。他再次攻击了父亲："你根本不关心我，甚至懒得理解我。"说完，他转身离开，回到了自己的房间，砰的一声关上了门，为这次讨论画上了句号。

这样的时刻的确很难熬。我们不想让孩子错失和朋友玩耍的机会，但有时候，为了提供第一个"S"，也就是保护他们的安全，我们不得不拒绝他们。尽管贾迈勒知道他做了正确的决定，他知道克莱还没有准备好接受那部电影中的

    ⊝ 美国电影分级制度中的 R 级代表限制级，要求 17 岁以下观众须有父母或成人陪同观看。——译者注

画面和思想，但他仍然不愿意让孩子感觉自己剥夺了他与朋友沟通感情的重要经历，也不愿意让他对自己这样生气。

几分钟后，克莱又回来了，显然还想再多说几句。他一边为自己的观点辩护，一边严厉地批评父亲。贾迈勒坚持自己的决定，他认为没有讨价还价的余地，但他始终把注意力放在他关注的重点上：既要保护儿子，也要重视亲子关系。他一再提醒自己不要被克莱惹火，不要做出和儿子一样的反应，从而让事态变得更加紧张。后来，事情开始变得有些人身攻击的意味了。克莱说，父亲不能理解，是因为父亲小时候没有任何朋友。即便如此，贾迈勒依然控制住了自己。

面对这样的猛烈抨击，要保持冷静实在是太困难了。贾迈勒是怎么做到的？答案是通过关注其他的 "S"。他首先选择看见儿子，理解他的愤怒从何而来。克莱生气是完全合情合理的，而且贾迈勒也这样和他说了。（"我知道，伙计。被孤立的感觉很糟糕，甚至很尴尬。"）他带着好奇的态度来处理这种情况，而不是做出激烈的反应，即使克莱此时大发脾气，他也让自己充满了关怀。在这个过程中，他为克莱提供了一种安慰的临在。他没有用和儿子一样的说话方式来还击："我是你爸爸，我没有征求你的意见。这可不是在搞民主！"他也没有用老掉牙的威胁手段来让儿子闭嘴："小心点儿，年轻人。如果你继续这样下去，你很长一段时间都见不着你的朋友了。"在这种时候，父母会很想用这样方式还击，因为我们感觉受到了攻击，内心也开始产生了激烈的反应，但如果父亲这样说话，克莱就不可能感到安慰，也不会变得平静。他的神经系统会一直处于高度唤醒的状态，而亲子关系就会因此受到影响。那将是双输的局面。

相反，在这种情况下，贾迈勒做出了成年人——成熟、心态平衡的成年人应有的样子，让克莱表达了自己的情绪。他专注于 P-E-A-C-E 这五个方面

（临在、投入、爱意、平静、共情），说了一些诸如"我知道你很失望"和"我不怪你生气"这样的话。

多年来，他已经让克莱对于行为的界限有了很多的了解。他知道儿子此时反应过激，正在发泄情绪，也知道他现在的表现很不尊重人，但他也知道这不是儿子通常与自己说话的方式。借助 P-E-A-C-E 的交流方法，他给克莱时间来处理并克服强烈的情绪，安慰了克莱，让他回到了绿色区域。

在整个互动过程中，从决定不让他去看电影开始，一直到最后儿子的情绪得到了平息，贾迈勒为儿子做了什么？他提供了前三个"S"。克莱感到安全、被看见，并最终得到了安慰。在提供前三个"S"的同时，贾迈勒也为儿子提供了第四个，也是最后一个"S"：保障感。即使在愤怒和怨恨的情绪中，克莱也对父亲有了更多的了解，而贾迈勒则为他树立了安全型依恋的榜样：即使要做出不受欢迎的决定，也要保障孩子的安全；即使孩子在发脾气，也要看见并倾听孩子（有时还要对沟通中的尊重设置界限）；在孩子难过的时候，要努力安慰孩子，并且用 P-E-A-C-E 的方式沟通。

不要反应过激……

一旦克莱冷静下来，这些认识就会内化于心，融入贾迈勒在所有其他时刻教给他的东西：什么才是爱和陪伴。这样一来，克莱就能继续与父亲维持安全型依恋，养成度过一生所需要的力量与抗逆力，形成内在力量感，理解关系的力量。

这种关系模式（家长为孩子提供保障感）的美妙之处在于，随着时间的推移，他们会减少对我们的依赖。关系始终是重要的，即便是有保障感的人也会依赖他人，也要在联结中发现意义，但随着孩子的成长，拥有保障感能让他们越来越不需要在任何情况下都需要别人来为他们提供其他的"S"。他们的保障感会成为他们的总体心理模型，构成他们身份认同，而他们也会拥有足够的内在资源来保障自己的安全，看见自己的价值，并且在事情不如意时安慰自己。

随着孩子的成长，拥有保障感能让他们越来越不需要在任何情况下都需要别人来为他们提供其他的"S"了。他们的保障感会成为他们的总体心理模型，构成他们身份认同，而他们也会拥有足够的内在资源来保障自己的安全，看见自己的价值，并且在事情不如意时安慰自己。

换言之，如果孩子能感到安全、被看见、被安慰，而且这些感觉是相对可靠、一致的（如果出现了不一致的情况，关系也能得到修复），他心中会产生一种有保障感的**内在工作模型**（internal working model）。"工作"意味着这个模型是可以改变的，也意味着我们的这种心理模型会在心智功能的多个层面上发挥作用。这种工作模型直接塑造了我们在生活中对自己的看法，决定了我们如何学习调节自己的情绪状态，以及我们在生活中如何与他人交往。通过多种方式，我们关于依恋的内在工作模型塑造了我们的人际关系，也反过来塑造了我们自己。这样一来，孩子就会形成一种图式（基于重复体验的概括性认识），这种图式就好像在说："我的内心世界是值得被看见的。"这不是一种觉得自己理所应当的权利感，而是一种内在的价值感："我的内在世界，包括我的感受、想法、梦想、渴望、对各种事物的理解、对于'我是谁'的叙事，这些都是好的，都值得与他人分享。"这就是保障感。在前面的故事里，这就是贾迈勒在儿子克莱的心中建立起来的内在工作模型。

我们再来看另外一个例子。我们时常会看到孩子出现行为问题，不一定是因为他难过了，而是因为他在挑战你的界限。比如三岁的女儿总是打她的小弟弟。再次强调，她没有发脾气，反而看似毫无缘由。常有父母会问我们在这种情况下该如何应对。我们对这些父母说（我们之前也这样说过），每个孩子都是不同的，虽然没有适用于所有状况的管教方法，但那四个"S"似乎总能满足那些情况的需要。

例如，如果你在育儿中遇到了这样的情况，你要保护孩子的安全，保护弟弟，就像你保护姐姐一样。你还要努力真正看见你三岁的女儿。她的行为看起来好像没什么规律，也不像是在为某些特定的事情而发脾气。如果你仔细观察一下，探寻原因并带着好奇心来处理这种情况，你可能会发现她是在吸引你的注意，可能这是因为弟弟夺走了你大部分的关注。这样一来，你就看见了她的需求（无论是需要关注还是别的东西），你可以根据你的观察来承认她的需求并做出回应，同时还要设置明确的界限。

最后，你要安慰女儿。你可能会对她说："我们要保证家里每个人的安全。我不会让你伤害弟弟，所以我要帮你冷静下来。我们可以到让你感到平静的地方去，我也可以在这儿抱抱你。"

当你表达爱意并设置界限的时候，你就帮孩子创造了保障感

你要帮女儿明白，当她情绪激动，或者不能很好地控制自己、想要挑战界限的时候，她仍然可以在你的爱意里找到保障感。你要安抚她内心的强烈情绪，安抚那些促使她去打弟弟的情绪，同时也要保护两个孩子的安全。这样她就能知道你会始终如一地陪伴她，看见她的需求，用及时、敏感、可靠的方式来回应她。这样一来，她就能发展出让她终身受益的保障感。

简而言之，安全型依恋的孩子（这些足够幸运的孩子获得了安全型依恋的内在工作模型）能发展出让他们更幸福、更成功的性格和技能。保障感带来的

好处（见图 6-1）是惊人的。

保障感的好处：

→ 理解关系的重要性；

→ 形成独立与客观处事的品格，在与人交往时也是如此；

→ 形成面对压力的抗逆力；

→ 学会调节情绪和身体；

→ 善于反思过去，能将过去与现在整合起来，并且为未来
　做出适应性的规划；

→ 养成理解他人、有效沟通的能力；

→ 具有灵活性和适应性；

→ 有共情能力；

→ 有更强的洞察力，拥有丰富的内心生活

图　6-1

对于安全型依恋的孩子来说，这些品质会一直伴随着他们，即使父母或依恋对象不在身边也是如此。从神经可塑性的角度来看，带来保障感的重复经历改变了孩子的大脑，让他们学会并形成了一些利于自我调节和人际交往的技能与特点。这些技能与特点能让他们在生活中找到更多的快乐与意义。这就是安全型依恋的工作模型所带来的好处。

如果孩子没能从依恋对象那里得到这样的保障感，通常会出现相反的情况。他们的人际关系能力会减弱，抗逆力、适应能力、自立以及其他品质也是如此。请回忆一下我们对各种不安全型依恋的描述。有时孩子会发展出回避型依恋模式，在这种模式下，他会学着忽略自己的情绪，避免表达自己的需求。这样显然会让他建立人际关系变得更加困难，还会降低他的洞察力，减少他对自己内在世界的觉察，也让他更难以在需要的时候向他人求助。同样地，发展出矛盾型依恋模式的孩子觉得他人都是不可预测的，他可能也会失去图 6-1 里列举的一些品质。他可能难以让自己的情绪平静下来，也可能缺乏与他人坦诚分享自己内心的能力或意愿，因为他们害怕他人不能给予他需要的陪伴。在安全型依恋的益处这个方面，混乱型依恋的孩子的缺失最为严重。如果通过与照料者的

互动，他们相信他人都是危险的、不可靠的，这样的想法可能会对他们的生活造成严重的影响，让他们无法获得安全型依恋的孩子拥有的诸多优势。

如果你能为孩子提供保障感……

她就会发展出给予自己保障感的能力

我现在很伤心，但我会好起来的。

从另一角度来看，保障感能带来一种赋能的感觉。就安全而言，安全型依恋的孩子相信他能保护自己，他也值得被保护，他可以在需要的时候寻求安全。他完全相信自己的生活就应该是安全的。同样地，他也能看见自己、安慰自己。他知道，即使他陷入了痛苦，他也拥有足够的能力来审视自己的内心，然后安慰并调节自己的内心。

在成长的过程中，保障感会一直伴随着这样的孩子，让他在与世界互动时始终心中有着内在的幸福感、一致感与抗逆力。他会觉得自己有价值，也能与他人建立联结，能够理解自己内心的不同力量。由于他拥有至少一个能始终陪伴他的人，他就能从所谓的"安全基地"出发，去过自己的人生，做自己的决定，这样的安全基地能为他带来安全感与勇气。

> 由于他拥有至少一个能始终陪伴他的人，他就能从所谓的"安全基地"出发，去过自己的人生，做自己的决定，这样的安全基地能为他带来安全感与勇气。

安全基地：避风港与发射台

我们很容易理解，为什么拥有至少一个可靠的、始终如一的（即便并不完美）的照料者来陪伴孩子，满足孩子的需求，关注他们的内心世界，就能帮助孩子建立安全基地，让他们可以从这里出发去探索世界。在这种情况下，这样的基地能让孩子走出他们已经熟知的环境，探索前路，考察周围的世界。这是我们的目标。如果孩子没有可靠的安全感，不能感觉被看见、被安慰，情况就恰恰相反：没有保障感。如果没有照料者为孩子提供四个"S"，他们往往会在亲密关系中遇到困难，难以在压力情境下清晰思考，或者对于尝试新事物、离开舒适区感到焦虑。这就是为什么帮助孩子建立安全型依恋是如此重要。

> 如果没有照料者为孩子提供四个"S"，他们往往会在亲密关系中遇到困难，难以在压力情境下清晰思考，或者对于尝试新事物、离开舒适区感到焦虑。

请想象一个有些害羞的幼儿第一次去游乐场。在第一次坐在滑梯附近的长凳上时，如果他有安全型依恋，可能会抓紧父亲的腿。然后他可能会朝游乐设施走几步，但是有个大一些的孩子匆匆跑过，把他吓了一跳。这时他会急忙跑回父亲身边，然后再次出发去冒险，这次他走得离滑梯更近了。一想起自己现在离父亲有多远，他就可能再次回到父亲身边，回到他的安全基地里来。然后他可能会再试一次，最终到达他感兴趣的滑梯。这次逐渐探索未知领域的冒险，既挑战了孩子，也让他变得更坚强。他之所以愿意面对自己恐惧，逐渐远离父亲，正是因为他相信在他回来的时候，父亲依然会在那儿。他相信在任何自己需要的时候，都能有一个可以回去的安全基地，所以他才愿意承担越来越大的风险。安全基地提供的安全感能让他承担越来越多的压力。

随着孩子不断地从这种可靠的体验中学习，他的大脑结构会发生改变，成长得更加整合，从而能够进行更有效的调节。在与父亲的关系中，一系列外在的互动会变成大脑内部的神经连接。这样一来，当孩子遇到挑战的时候，这种内化的、安全型的心理模型会成为个人抗逆力的源泉。这时，孩子就能用开放的态度面对困难。如果事情变得艰难，结果不如预期，他也可以重整旗鼓，再次尝试。这就是安全型依恋的孩子的坚韧心灵。

国际安全感圆环协会（Circle of Security International）很好地解释了这个过程。这个组织通过教导父母依恋的重要性，以及向父母展示拥有一个始终陪伴孩子的父母能如何扩大孩子的"安全感圆环"⊖（circle of security），来增强世界各地的家庭关系。该组织在《依恋创伤的预防与修复》（*The Circle of Security Intervention*）一书中解释说，如果孩子的父母能提供两种基本的"空间"（"发射台"与"避风港"），孩子的安全感圆环就会扩大。要为孩子提供安全感圆环，就需要为孩子提供一个"发射台"，让他"起飞"，同时为他保留一个"避风港"，让他在遭遇"暴风雨"时可以回来，以此来支持孩子探索世界。

⊖ 沿用《依恋创伤的预防与修复》中的中文译法。——译者注

要为孩子提供安全感圆环，就需要为孩子提供一个"发射台"，让他"起飞"，同时为他保留一个"避风港"，让他在遭遇"暴风雨"时可以回来，以此来支持孩子探索世界。

我们用避风港来抚育孩子，用发射台来支持和鼓励孩子。

随着拥有安全基地的孩子逐渐长大，这个过程会在他生活的不同方面不断地重复。上幼儿园的第一天可能会很可怕，他也许会需要父亲陪他待一会儿，才能和其他孩子一起坐在地毯上玩耍。不过，在第二天他可能就不需要父亲陪他待那么长时间了。在接下来的每一天，他会感到越来越自信，能够更快地离开父亲。这是因为，通过幼年这种重复的经历，他已经知道父亲会不断地出现在他面前。在成长过程中，随着每一次探索（学骑车、加入运动团队、在钢琴独奏会上表演、参加宿营活动，直到最后去上大学），这个性情内向的孩子会发展出自信、抗逆力，并相信自己可以面对各种困难和可怕的障碍。他的安全感圆环会不断地增强，帮助他在这个世界上感到安全。他知道他随时都能回家，而且他的确会回家。他拥有安全基地的两个部分——可靠的、抚育他的避风港，以及支持他、鼓励他的发射台。

安全基地能带来力量，不会带来理所当然的权利感

不要担心。给予孩子无条件的情感支持和安全基地不会让他们变得软弱、脆弱，也不会宠坏他们，更不会创造一种理所当然的权利感。我们时不时会遇到这样的问题，父母会说："世界是很残酷，我们的任务就是让他们变得坚强。我不想过于溺爱他们。"

> 给予孩子无条件的情感支持和安全基地不会让他们变得软弱。与那些没有得到这种关注和照料的孩子比起来，他们会更有探索的勇气，也会走得更远。

我们理解这种担忧背后的恐惧，但请放心。如果孩子的情感需求能得到敏感的回应，并且得到迅速、始终如一的满足，那么即使没有人一直陪在他们身边，他们也不会不知所措。偶尔让害怕的五岁孩子睡在你的床上，并不意味着他余生都要睡在你的床上。

事实上，研究结果恰恰相反。如果孩子相信照料者会始终陪伴他们，他们就会发展出独立性和抗逆力，这些品质会给予他们走出舒适区的信心。与那些没有得到这种关注和照料的孩子比起来，他们会更有探索的勇气，也会走得更远。

满足孩子的情感需求……

不会让他们长成被宠坏的成年人，也不会让他们产生理所
应当的权利感

　　没错，可能会有那么一天，无论是出于什么原因，你决定不让孩子睡在你的床上。但是，你做出这个决定的原因，不应该是害怕满足孩子的情感需求会以某种方式伤害他们。宠坏孩子意味着满足他的一切要求，或者给他买他想要的任何东西。但是，关注他的情感需求？这不是宠坏孩子，也不是溺爱孩子。这叫情感共鸣或联结。这也能让他在成长过程中有足够的保障感去独自探索。这不会让他产生理所当然的权利感，也不会让他变得脆弱，而是会让他更有抗逆力。研究表明，如果孩子感到足够安全，他就会独立去冒险，因为他在身心发展程度上已经做了准备；相反，如果孩子没有准备好（即他的真实感受与安全感完全相反）就把他推向那个探索的阶段，可能会适得其反，导致更大的依赖性。

> 　　研究表明，如果孩子感到足够安全，他就会独立去冒险，因为他在身心发展程度上已经做好了准备；相反，如果孩子没有准备好（即他的真实感受与安全感完全相反）就把他推向那个探索的阶段，可能会适得其反，导致更大的依赖性。

当我们在讨论父母的情绪稳定性有多重要时，我们会听到一个关于赢得孩子尊重的反对意见。有一位母亲常常告诉我们，她丈夫反对在处理孩子的行为问题之前先建立联结的策略。她丈夫可能会说："如果你让他们这样欺负你，他们永远也不会尊重你的。有时候你需要严厉一点儿。有时你甚至需要大喊大叫。"她担心丈夫是对的。

我们同意这位丈夫的观点，父母不应该让孩子"欺负自己"。父母在亲子关系中保持权威的地位的确很重要，我们在这整本书里都在阐述这一点。但根据科学和我们的经验，我们认为父母可以在优先考虑亲子关系并保持自我控制的同时，维持自己的权威地位。

> 根据科学和我们的经验，我们认为父母可以在优先考虑亲子关系并保持自我控制的同时，维持自己的权威地位。

如果父母大喊大叫、反应过激、发号施令、失去自控，这样怎么会赢得孩子的尊重呢？如果你能控制好自己的情绪，体贴、慎重、冷静、公正，则更有可能让孩子尊重。这是力量的体现，不是软弱。这就像在少年棒球联赛中，总是在球员面前保持冷静的教练与那些总是大发脾气、对着孩子和裁判大喊大叫的教练之间的区别。后者可能会让队员感到恐惧，他也许能够把球队管得服服帖帖，但这是有代价的。这种教练能赢得尊重吗？不太可能。在相同的情况下，孩子会尊重（甚至喜欢）坚强而聪明的教练，这样的教练知道自己是谁，知道自己希望如何与孩子以及其他成年人互动，而且他拥有稳固的人际关系。

此外，当孩子做了你不喜欢的事情时，如果你的第一反应是通过大吼来强调你的观点（尤其是当你看起来失去了理智的时候），就可能给亲子关系带来消极后果。也许你的确能在短期内让孩子服从，减少"品行问题"，但就像那位教练一样，你的代价是什么？这种做法会让孩子对你的感觉变得更糟，可能会让他们在想要分享某件事的时候不会来找你，而不会让你获得孩子的"尊重"。

顺便提醒一下，我们并不是说，你偶尔对孩子大声说话就会造成不可弥补的伤害。你可以表达自己的情绪，也可以偶尔用大声的、激烈的方式表达情绪。我们的观点很简单，权威与暴力和严厉之间，并没有内在的联系。即使你从不扯着嗓子说话，你依然可以在家里得到孩子的尊重，保持权威的地位。再次强调，请始终记得，如果你情绪失控了，或者你处理事情的方式让你或孩子感觉不好，那就要尽快道歉，修复关系的裂痕，这是很重要的。

总而言之，确实在一些时候，我们会让孩子面对挑战、克服障碍，即使这样做很难。为了培养他们的力量与抗逆力，我们必须设置界限，拒绝他们。但是，我们需要审慎判断他们能忍受多少困难，而我们要始终（没错，始终）为他们提供情感支持。如果我们犯了错，我们随时可以通过真诚道歉来弥补。我们可以试着从这些关系出现裂痕的情境中学习，不断成长，进而让我们的亲子关系变得更加牢固。我们要为孩子做出为人处世、建立联结的榜样。这样一来，我们就为孩子提供了他们可以依赖的避风港和发射台，他们也会发展出力量与独立性，过上有目标、有意义的人生。

严厉的态度与大喊大叫不能带来尊重……

而坚强、聪明、知道自己是谁、知道如何与身边的人互动能带来尊重

积极的压力、可容忍的压力，以及有害的压力

在思考如何帮助孩子拥有保障感，勇于面对挑战的时候，需要考虑的一个因素就是当前情境带来的压力类型。你知道吗？并非所有的压力都是有害的。事实上，研究者谈到过一种被称为积极压力的现象。在这种情况下，我们会感觉到一种要表现得更好的压力，这种压力会激励我们，而不会压垮或淹没我们。这种情况可能会让我们为了考试而努力学习，提高效率，或者在压力下表现良好。积极的压力可以调动我们的能量，甚至让我们充满活力，促使我们完成在其他情况下可能无法完成的任务。

更有挑战性的压力，是所谓"可容忍的压力"，这是一种我们可以忍受的压力，但它本身并不一定是有益的。这种压力既可以是积极的、有益的，也可能是消极的、有害的，这取决于情境。例如，离开我们提供的安全基地，会让孩子感觉到压力。请回忆一下那个提心吊胆、试图穿越陌生游乐场的幼儿。他父亲提供了一个可以返回的避风港，那么这种压力就是相对可控的。事实上，这

保障感让压力变得可以容忍

积极的压力

可容忍的压力

有害的压力

种压力甚至可以成为一种积极的力量，因为当这个孩子达成到达滑梯的目标时，他不仅成功地从父亲那里走到了滑梯处，他还克服了自己的恐惧。他承受的压力在我们看来是轻微的（但是对当时的他来说，那种感觉并不"轻微"），而且他安然无恙地到达了目的地。他所体验到的这种压力实际上是对他有益的。

但是，请注意，这个幼儿之所以可以承受这种压力，是因为有人提供了足够的支持，所以压力才变得可以容忍。事实上，这是可容忍的压力的一个重要组成部分：这种压力有益还是有害，很大程度上取决于这个人是否能得到支持来面对压力，以及他必须忍受压力的时间有多长。

如果一个人不得不面对超出能力范围的压力，或者要独自面对压力，或者面对压力的时间过长，就会产生所谓的有害压力，这种压力可能会给人带来伤害。这种压力可能会对人的发展、生活轨迹、生活质量，甚至身体健康和预期寿命造成重大的影响。我们之前讨论过的童年逆境就会导致这样的压力。尤其是在孩子的生活中，有害的压力可能会造成创伤，产生长期的危害。

同样地，决定特定事件造成的压力是积极的、可容忍的还是有害的关键因素之一，是这个经受压力的人是否拥有足够的支持。如果孩子没有安全型依恋关系，又被迫独自应对逆境，或者他没有发展出安全型依恋的内在工作模型，来为他提供内在的抗逆力资源，那么原本相对可控的压力源可能会带来有害的压力。有些压力源可能会伤害没有安全型依恋的人，但在有安全型依恋的情况下，这些压力源可能只会带来可容忍的，甚至积极的压力，这时就有可能会促进抗逆力的发展。请回想一下第 1 章中有关"上坡"的比喻，我们拿孩子骑自行车上山打比方。我们为孩子提供的保障感越多，他们面对的困难就越有可能产生可以忍受的，或者积极的压力，而不容易产生有害的压力。

当然，有时生活会让我们必须面对有害的压力。即使孩子有安全型依恋，即使他们的父母能给予始终如一的陪伴，他们有时依然会被迫面对孩子不应该面对的情况。安全基地不能保护他们远离生活中所有残酷的现实，不能保证他们过上没有挑战的人生。但是，四个"S"可以起到保护性的缓冲作用。这些因素可以帮助孩子在逆境中获得抗逆力与成长。不安全的感觉会导致有害的压力，而安全感会让困难变得可以容忍。看见孩子也能起到相同的作用。安慰能减少神经系统过度唤醒所带来的生理伤害，减少可能让人失控的混乱情绪，还有助于调节身心，使压力保持在可以容忍的范围内。换言之，这样能使四个"F"反应（战斗-逃跑-木僵-昏厥）不会常常出现，因为四个"S"因素挺身而出，完成了它们的任务。这就是安全型依恋的抗逆力。

你能做什么：为孩子建立安全基地的策略

策略 1：为你们的信任关系"投资"

如果你能陪伴孩子，你就与他们建立了信任的关系。每当他们需要你，而你陪在他们身边的时候，你们之间的信任关系就会增强。这就像往银行账户里存钱一样。你可以把你们关系看作"信任基金"[○]。

从孩子出生的那一刻起，你就可以在他需要的时候陪伴他，从而建立这种信任。孩子需要你帮他感到安全、被看见、被安慰、有保障感。通过迅速、敏感、可靠的回应，满足他的需求、抱着他，你给予了他最好的礼物，促进了他的大脑发育，让他能够相信自己会得到照料。

○ 这个词原指我们日常生活中所说的"信托基金"（trust fund）。——译者注

你从一开始就能为孩子建造安全基地

人们过去认为，如果孩子被抱得太多，就会被宠坏。有些专家甚至宣称，婴儿能够操控他们的父母。幸运的是，科学证明事实并非如此。我们现在知道，新生儿没有能力操控别人。毕竟操控是一项非常复杂的技能，需要前额叶皮质来进行复杂的思考，而这部分大脑需要很长的时间来发育。婴儿的需求只是需求，而不是纯粹的欲望。给孩子需要的东西不会宠坏他们——在他们难过的时候安慰他们，在他们饿的时候给他们食物，在他们想要被抱起来时抱着他们，在他们累的时候帮助他们入睡。关注年幼的孩子需要什么，然后满足他的需要，这样会让你对自己的直觉和理解能力都更有信心，更加相信自己能弄清他传达的信息。没错，有的婴儿可能"需求很多"（这个形容词比"难以照料""要求过多"或"被宠坏了"更有用、更准确），在这种情况下，孩子可能只是需要你给予更多的帮助才能感到平静、安全、被安慰。这样一来，你就能逐渐建立起安全基地，让你们两人在他成长的过程中都能受益——也就是说，在他需要你的时候，要理解他、待在他身边、给予临在的陪伴。

我们需要提醒新手父母： 话虽如此，但你自己也有需求！偶尔请别人来帮忙照看孩子一会儿，好让你有时间睡觉、洗澡或者为自己做一些事情，也可能会很有帮助。请花一两个小时出门吃饭，不要带你的小宝宝——在孩子六个月前最好偶尔这样放松一下。这样非常有助于让你重新找回自我，并提醒你自己也很重要。请记住，放眼过去，我们抚养孩子的时候并不是孤立无援的。在我们演化的历史上，以及在不久之前世界各地的许多文化中，养育子女是一项需要与少数不是父母的人共同承担的责任，这种现象在文献中被称为异亲教养或替代父母行为（alloparenting）。当代文化往往不支持这种在社区之中抚养孩子的方式，虽然这是一种很重要的方式。所以你可能需要在自己的生活中寻找这种值得信任的人（他们可以是你的亲戚、密友，也可以是同样在照料孩子的邻居），然后让自己休息一下，你需要休息。请照顾好自己，补充自己的能量与活力。休息好之后，你可能会很高兴能再次回家，关注婴儿的需求。

在孩子的成长过程中，你有近乎无数次的机会来为你们的信任关系"投资"。两岁的孩子在公园玩耍的时候，他可能会需要你，因为有人拿走了他的铲子，或者朝他扔球。当他哭着来找你的时候，你的回应可以增进信任。由于你自己接受的教养方式不够理想，你可能想说一些不屑一顾的话："别哭了，你没事儿。"我们之前谈过，有些思想学派认为这样的回应会让孩子更坚强、更能吃苦。（"他们总有一天要认识世事的残酷！"）

但是，这种逻辑里存在一些问题。其中一个问题与时机有关。没错，孩子的确必须在某个时候认识到世界可能会充满痛苦。但是，在哭着找你之前，他们已经从亲身经历中了解到了痛苦。在孩子三岁之前，大脑的调节回路正在发育之中。此时父母对孩子内在体验的共鸣，对于培养孩子调节内在状态的能力而言是非常重要的。此外，他们有必要在两岁时就学着独自面对世上所有的残酷现实吗？不能再多给他们一段时间的支持吗？更重要的是，想想在他们痛苦的时候接收到的信息，想想父母告诉了他们什么：①不要表达自己的情绪，因为②他们并没有真正陷入困境。也就是说，父母告诉他们，不但要隐藏自己的情绪，而且不能相信自己的感受——这可真是沉重的双重打击。他们的感觉并不是"没事"，但你却告诉他们"没事"，所以他们只能要么不信任你，要么不信任自己的体验。

我们不想过于夸大这一现象。如果你告诉孩子"别哭了，你没事儿"，并不会就此毁掉他们的情绪能力。但是，在他体验到强烈情绪、需要你帮他感到安全的时候，如果他反复听到这样的信息，就会严重影响他对你、对自己内心世界的看法。只需言语上稍做改变，就能提醒我们尊重孩子的体验，并积极地影响他们对世界的看法。孩子难过的时候，你能传达的一条有力信息是："你现在安全了。我在这儿，你不是孤身一人。没事儿了。"下次孩子因为某事而害怕、难过，大哭着跑向你的时候，你就可以试着这样做。你会感到他小小的身体放松下来了，此时他的神经系统会逐渐明白，有你陪伴着他，他不必感到害怕，而是可以在你的怀抱中感到安全而有保障。

关系的"信任基金"：你是在取款还是存款？

取款

存款

随着孩子逐渐长大，进入学龄期甚至青春期时，你对孩子情绪体验的回应，会不断地塑造他与你的依恋关系，从而塑造他对人际关系和世界的看法。当他在社交中感到孤立，没能出演戏剧中的某个角色，或者在第一次分手的时候，每一次在他需要的时候你给予的陪伴，都能在他的"信任基金"中存入一笔钱。这个道理不仅适用于孩子不在你身边时的经历，也适用于你们之间发生的事情，比如在日常生活中遇到难以克服的挫折时，或者在面对你所设置的界限，难以忍受失望与沮丧的情绪时。例如，在他因为你没有给他做炸鱼条而情绪崩溃（他很喜欢姑妈家的这道菜），为浏览社交媒体的时间限制而生气，或者因为他弟弟是"世界上最讨厌的人"而大喊大叫的时候，只要我们能给予共情，并尊重家庭的规则和界限，这些时刻也是建立信任关系的机会。如果你的回应是"这一关还没打完，使用电子设备的时间限制就到了，这实在是太让人沮丧了。我知道这很难。如果我不得不中止自己正在做的事情，我也会很沮丧"，你就是在为信任关系"存款"。再次强调，你没必要向孩子屈服。只要陪伴他就好。这样可以增进亲子关系。

然而，如果你不能陪伴孩子，亲子关系中的信任"余额"就会减少。我们认识一位名叫李·安的女士，她曾对我们讲过一个故事，那是她 14 岁第一次参加高中聚会的事情。有一位年纪大一些的朋友开车送她去参加聚会，而且打算开车送她回家，但这位朋友当天晚上却喝了酒。李·安打电话给父母，问她该怎么办。她知道不应该坐喝了酒的人开的车。然而，她的父母此时正在举办自己的聚会，当李·安征求母亲的意见时，母亲却说："她还能开车吗？如果她没喝多，那就没问题。"现在回忆起来，李·安说道："就在那一刻，我终于明白了我一直以来都在怀疑的事情。我只能依靠自己。当我需要父母的时候，他们不会陪在我身边。"

可想而知，那并不是李·安的父母唯一一次没能给她陪伴。她现在已经长大成人，在生活的许多方面都取得了成功，但她在婚姻中却陷入了困境。她现在不得不付出痛苦（但至关重要）的努力，来获得她父母从未给她的安全型依恋。她小时候没能在父母的帮助下建立起"安全基地"，父母也没能让她感到安全，她现在只能在长大之后自己来弥补这一点。

现在你已经知道了，我们并不是说，父母应该介入孩子的所有事情，替他们解决所有问题。相反，我们想说的是，我们希望帮助孩子形成一种坚定的信念：就算父母不能（或者选择不）替他们解决具体的问题，也会在他们需要的时候支持他们。所以，要注意用各种方式来为关系的"信任基金"存款。每当你"存款"的时候，你都会加固孩子的安全基地。这意味着，他可以从这个稳固的"发射台"出发去独自冒险，形成更加自信和独立的品格。

> 我们希望帮助孩子形成一种坚定的信念：就算父母不能（或者选择不）替他们解决具体的问题，也会在他们需要的时候支持他们。

策略 2：教授内观技巧

我们在全书以及本章都曾讲过，父母的主要目标之一，就是为孩子提供有保障感的深刻体验，让孩子最终能够自己找到保障感。作为我们给你的最后一个策略，我们想举几个例子，来说明你可以如何教孩子在需要更多保障感的时候陪伴自己。在我们写过的所有书里，我们都在强调这样为孩子赋能的重要性，因为如果我们能给予孩子"内观"的礼物，让他们更好地理解自己和他人的内心，我们就能让他们更有可能过上充满意义的人生——无论是作为一个独立的人，还是在人际关系中，都能生活得更加充实。无论他们是用内观来帮助自己感到安全，理解并看清真实的自己，还是用内观来安慰情绪激烈的自己，回到绿色区域，这些技能都能让孩子（和成年人）进一步发展出深刻的保障感，而这种保障感能让他们在任何时候都受益匪浅。

> 无论他们是用内观来帮助自己感到安全，理解并看清真实的自己，还是用内观来安慰情绪激烈的自己，回到绿色区域，这些技能都能让孩子（和成年人）进一步发展出深刻的保障感，而这种保障感能让他们在任何时候都受益匪浅。

比如说，如果孩子能运用内观技能，就可以主动采取行动，减轻生活中的困境给自己造成的痛苦。我们认识一位名叫露西娅的母亲，她给我们讲了她在儿子乔伊上中学之前教他内观技能的故事。那时他们在海边旅行，露西娅想到一个办法，来帮助乔伊理解内观的概念。在一起冲浪的时候，露西娅教了儿子如何在海浪之下潜水，而不去全力与海浪对抗。乔伊惊喜地发现，即使海面上浪花汹涌，水面下的水看起来还是那么平静。

从海滩回家之后，露西娅向儿子解释道，海浪就像生活中的事情。有些事令人愉快，有些则不然。就像乔伊学着在猛烈的海浪下潜水，发现水下十分平静一样，当困境让生活变得艰难的时候，他也可以做同样的事情。当海浪出现，向他袭来的时候，他可以学着发现并识别。他可以说"可怕的巨浪来了，我有些担心"或者"这一波海浪有些悲伤的感觉，这就是我的感受"。然后，他可以想象自己潜到了海浪下方，让浪花在头顶掠过，然后再浮出水面。露西娅不仅教了乔伊这种想象的方法，还教给他一些让内心感到平静的简单方法（安静下来，关注呼吸；躺在床上，一只手放在肚子上，另一只手放在心上；坐在户外，专心地看着云朵在天空中移动，同时感受内心变得越来越平静），并且一起练习了这些技巧。

露西娅与乔伊的共同努力帮助他理解了这一点：如果他在任何时候感受到焦虑、紧张、恐惧或者其他任何消极情绪，他需要做的就是运用各种内观技巧，进入自己的内心，找到平静的感觉。这不是要否认他的感受，而是为了不让这些情绪控制他。乔伊可以在任何需要的时候运用这些策略，这些策略可以帮助他在海浪即将压垮他的时候，找到内心的平静感与保障感。正如露西娅对乔伊所说："在海浪之下，你才是真正的你。海浪总会时不时地向我们扑过来，有时很有趣，有时则不然。就像在海滩上一样。海浪会不断地朝海滩上涌来，但你可以做出选择，不必让恐惧或悲伤的浪花把你平静的内在自我冲得不见踪影。你的本质是你内心深处那个安静的地方，你可以在任何时候到那儿去，无论你感到快乐还是悲伤。"

你可以教给孩子类似的内观技巧，为他们赋能，让他们能够运用自己的心理能力来重获保障感，即使你不在身边的时候也一样。就像乔伊一样，孩子可以发现危险的、不堪重负的、焦虑的或悲伤的海浪正在向他们袭来，他们可以潜到水下，找到内心的平静，而不是直面海浪的冲击。

不要每次都直面情绪海浪的冲击……

孩子可以学着潜到水下，找到内心的平静

　　然而，正如露西娅所说，不管我们是否知道如何潜到水下，海浪都会不断地袭来。即使我们把每件事都做对了，有些海浪依然会砸在我们身上，而且砸得很重。所以，随着孩子渐渐长大，我们要拓展这个比喻，提出一些更复杂的重要观点。例如，我们能教给孩子的很重要一点是，如何看清海浪的本质：暂时的情绪化事件不代表我们的核心身份认同。这些事情只是经历，是我们生活的一部分。它们并不是我们的本质或全部。即使孩子受到欺负、感到害怕，也并不意味着他在生活的每个方面都是受害者。即使孩子在一次考试中表现不佳，也不意味着他是个坏学生。这些都只是他们生活中的情绪化事件，与一个人的核心身份认同，即他内心平静的地方无关。

　　如果你能教给孩子内观的技能，为他们赋能，让他们能够把自己生活中的事件与自己的内在体验区分开来，你就教给了他们一个有关情绪的重要事实：情绪是很重要的，我们当然应该认识到这一点，但我们也应该认识到，情绪在我们的一生中、一天中，都会来来去去、不断地变化。当然，我们需要教孩子关注自己的感受。感受能揭示生命的意义，并赋予生命更多的意义。我们永远不应该否认自己的情绪，意识到内心发生了什么是非常重要的。但是，我们也想告诉他们，不要对情绪反应过度。作为父母，学会做到临在，意味着在我们自己的内心创造一个空间，让我们能接纳孩子的感受，而不会被他们的情绪所淹没。如果我们自己拥有内观的技能，我们就可以为孩子做出榜样，教他们如何在意识到情绪的真实性和重要性的同时不被情绪所淹没。如果孩子能看到，我们对他们的感受敞开了心扉，那他们也能学会接纳自己的内在状态，而不被其内心的情绪所左右。他们可以从我们身上学到，感受是不断变化的，就像海浪和潮汐一样。就像在海上一样，我们需要留意周围的情况，这样就不会被上涨的海潮淹没，或是被海浪打翻。

当孩子体验痛苦情绪的时候，我们要告诉他们，即使是痛苦，我们也可以允许它进入意识，从痛苦中学习，这是一种重要的内观技能。如果孩子能意识到，痛苦不会永远持续下去，那他们就会感到充满力量。没错，情绪的海浪会不断涌起，一波未平，一波又起，但你可以学着驾驭海浪，或者潜到浪花的下方。我们希望孩子能够知道如何享受美好的时光，如何忍受痛苦的时光，知道这些情绪会很快过去，并转化成别的东西。

丹尼尔最近在广播中接受了一位父亲的采访。这位父亲说，有一天他非常忙碌，所以对小女儿的态度很不耐烦，而她的姐姐走过来对父亲说，他"应该试着跟她谈谈她的感受，而不应该告诉她该有什么感受"。父亲问这个聪慧的大女儿，她是从哪儿学到这个道理的。大女儿说她是从我们的《全脑教养法》里读到的，就在书店的儿童专区里读的。她父亲这周刚刚把这本书买回来，还没来得及读。（他现在已经读过了。）

孩子也能教会我们许多东西。有些家庭的氛围很开放，能够提醒每个家庭成员去看每个人的内心，这样的家庭能提供充满爱的环境，在那里的每个人都能用临在的态度对待自己的内在世界，对待每个家人。内观能让我们记住，并且提醒我们，尊重每位家庭成员的主观体验，能够促进情绪的整合，而这种情绪的整合正是安全型依恋的核心。

本书的所有信息，以及我们培养保障感的所有方法，都包含在你教给孩子的一些简单的内观技巧里了。如果你能帮助他们理解海浪和潮汐的比喻，学会关注自己的呼吸，把自己生活中的事件与自己的身份认同区分开来，你就能为他们提供有效的工具，塑造大脑神经的连接，为自己提供保障感。当然，他们仍然会依靠你，但他们会知道，当他们需要在内心寻找资源来获得保障感时，这些资源总能为他们所用。

陪伴自己

在自己的生活中，你觉得有多少保障感？在你的人际关系中，有没有人能经常帮助你感到安全、被看见、被安慰，让你产生一种深刻的保障感？不管有没有这样的人，你有多善于为自己提供这四个"S"（也就是我们一直在讨论的、帮助孩子学习的东西）？

我们发现，很多有爱心的成年人很善于帮助身边的人感到安全、被看见、被安慰、有保障感，但他们并不总是善于与自己交朋友、照顾自己。

> 我们发现，很多有爱心的成年人很善于帮助身边的人感到安全、被看见、被安慰、有保障感，但他们并不总是善于与自己交朋友、照顾自己。

"我现在需要什么"这不是一个他们通常会问自己的问题；相反，即使要牺牲自己的需求，他们也会选择照顾他人。现在，请放慢脚步，花一些时间来静静地思考下面的问题。这些问题需要你思考自己小时候有关保障感的总体体验，以及你在成年后有多善于为自己提供自己需要的照料与关怀，并且为孩子提供同样的照顾。

- 小时候你有多少保障感？
- 在提供前三个"S"方面，你的父母在哪个方面做得最好？

⊚ 他们还可以在哪方面做得更好？你希望他们能让你感到更安全吗？还是说你希望能有更多被看见或被安慰的体验？

⊚ 他们是否帮助你培养了在内心找到保障感，不必完全依赖他人的能力？还是说，他们让你独自一人去寻找这种感觉？

⊚ 在你当前的人生阶段，你能做些什么来更好地陪伴自己？你可以如何让自己感受到更多的四个"S"，为自己提供保障感？

⊚ 你孩子的情况如何？他们能否始终在需要的时候感到安全、被看见、被安慰，进而发展出保障感？对于孩子的需求，你觉得自己能否给出迅速、敏感和可靠的回应，你觉得自己在这方面做得如何？

⊚ 你有没有设法帮助他们培养技能，寻找内在保障感，让他们即使没有你在身边也能照顾自己？你觉得自己能做好他们的"安全基地"吗？你觉得自己能做好他们坚实的、支持性的"发射台"吗？

⊚ 现在，要帮助孩子产生更多的保障感，哪一件事是你能做的？这件事可能与帮助他们感到更安全有关。也许你对他们的成绩、成就要求过高，或者你对他们有不切实际的期待，以至于他们没有感觉被看见，没有得到真正的接纳。或者，他们是否正身处于某种困境之中，而你可以陪在他们身边，提供临在的安慰？迈向保障感的一小步可以带来巨大的影响。

结论

从游乐场到大学宿舍

展望未来

The power of showing up

　　请设想一下看似遥远的未来，我们向你保证，那个未来不知不觉就会到来。转眼间，你可爱的孩子就已经进入了青春期，又在一瞬间，就成了大学新生。你能想象这番景象吗？现在就试着想一想吧，就像做一个思维实验一样。在不久的将来，你的孩子会是什么样子？他会长得很高吗？他会戴眼镜吗？他的头发是什么颜色？现在想象你和他拥抱告别，然后流着泪回到自己的车里。

　　当你开车离开他的宿舍时，你心里想着孩子现在长成的样子。你为他建立过安全基地吗？当他进入这个新的、激动人心的，也是可怕的（没错）人生阶段时，他会有什么感觉？请想象一下，在他年少的日子里，你有没有一如既往地帮助他感到安全、被看见、被安慰？到他18岁的时候，他有没有发展出保障感，以便在内心找到你给过他的那些支持？他仍然很需要你，而且在人生中还有很多东西要学，但在这时，他已经知道如何在需要的时候找到这四个"S"了——既通过向他人求助，也通过依靠自己的内在资源。

　　说到保证安全，就意味着年轻人要在驾驶、酒精、性行为，以及其他父母关心的重要问题上做出明智的决定。同时，这也意味着他们要在关系中保护自己的安全，照顾好自己。我们希望他们能发展出一种内心的准则，来明确个人的界限，做出明智的选择，而不用管其他人或者群体会强迫他们怎么做。

　　至于"被看见"这方面，他们会发展出理解自我的能力。你年复一年地陪伴他们，观察他们的内心世界，对他们的心灵表达关注，并且对你发现的事情给予相应的回应。就这样，他们自己也学会了关注内心世界。他们能意识到自己在特定情况下的感受，比如说，他们会认识到自己开始进入混乱的红色区域的时刻。在这种情况下，他们能够调节自己的情绪，用"楼上脑"做出反应，而不让"楼下脑"控制自己。同样地，他们也会小心地发现自己想要扮演受害者的时刻，他们会意识到，此时自己没有做出有意识的选择，离开或改变让他们感觉不好的情况。仅仅通过观察自己的内心，关注自己的内在世界，就像你多年来教他们的一样，他们就可以感到被看见、被理解，而他们也会选择关注内心的朋友和恋人。在与这些人的关系里，这样的品质既是相互对待的方式，也是双方的共识。

在离开家的时候，他们也会知道如何在困境中安慰自己。在小的时候，他们见过你如何用 P-E-A-C-E 的方法（临在、投入、爱意、平静与共情）来照料他们身体和情感上的伤痛。他们体验过那种互动性安慰，知道这种安慰在关系中的重要性，并且也知道如何在想家、头痛、遇到伤心或不确定的事情时，以及面临其他任何挑战的时候给予自己内在的安慰。所有这些挑战都会让他们变得更加独立。

简而言之，你花了许多年的时间，帮助他们建立安全基地，而他们能够从这个基地出发，去探索新世界。在当年，他们之所以能够胆战心惊地在游乐场上从你的身边离开，逐渐扩大他们的安全感圆环，是因为他们知道你在看着他们；而在人生中的重要时刻，他们也会做相同的事情。就像小时候一样，他们相信你会在他们需要的时候陪伴他们，为他们提供可以返回的避风港。他们仍然会犯很多错误，也会经历痛苦，但即便在那时，他们心中也会充满保障感。你帮助他们建构了有保障感的内在工作模型，而这个工作模型会持续一生。在上大学第一节课时，遇见新朋友时，探索新校园时，他们都很确信，只要他们向你求助、需要你的陪伴，你就会陪伴他们，就像你一直为他们所做的那样。而且，他们也知道，他们可以在生活中找到其他可以建立健康的、安全型依恋关系的对象——朋友、导师、恋人。这是健康的相互依赖。

在这个设想中，你 18 岁的孩子拥有安全型依恋。无论你的孩子现在多小，这种设想都源自当下，源自今天。那些专注于孩子内在体验的父母，能够感知并理解孩子的内心世界，并给予尊重的回应。他们给予孩子的安全型依恋，是一份无价的礼物。如果我们能用这种方式与孩子产生共鸣，密切关注他们的内心世界，他们就会感觉被看见、被安慰，进而在情感上感到安全。这样他们既会发展出信任感，也会形成有保障感的心理模型。

> 那些专注于孩子内在体验的父母，能够感知并理解孩子的内心世界，并给予尊重的回应。他们给予孩子的安全型依恋，是一份无价的礼物。如果我们能用这种方式与孩子产生共鸣，密切关注他们的内心世界，他们就会感觉被看见、被安慰，进而在情感上感到安全。这样他们既会发展出信任感，也会形成有保障感的心理模型。

科学研究证明，要给予孩子这种保障感，并不需要你做到十全十美。你无法在每次与孩子互动的时候，都给予完美无缺的关怀。但是，通过不断地陪伴（并且当关系出现不可避免的裂痕时，总能予以修复），不断地提供四个"S"，你就能让孩子在未来茁壮成长。无论是长大成人的时候，还是在人生中的任何阶段，即使他们面对生活中的残酷现实，也能活出精彩的人生。

我们希望在这里阐明的是，无论你的过去发生了什么，你都可以为孩子开创这样的未来。过去不是我们的宿命。研究有力地证明，无论我们曾经有过怎样的经历，只要我们能花时间去理解过去如何影响了我们的发展，我们就能解放自己，成为我们想要成为的人，成为我们理想中的父母。依恋的科学充满了希望，研究一次又一次地证实了，无论我们接受了什么样的教养，我们都可以为孩子提供安全型依恋。

> 依恋的科学充满了希望，研究一次又一次地证实了，无论我们接受了什么样的教养，我们都可以为孩子提供安全型依恋。

更重要的是，仅仅通过努力反思我们的过去，理解我们过去的经历，我们就能在自己的生活中获得安全型依恋。如果我们能连贯地叙述过去的经历，叙述过去如何影响了现在的我们，我们就能采取明确而有力的措施，逐渐成为我们想要成为的父母。

我们懂得了如何在孩子的大脑和身体里塑造强有力的神经连接，现在就是养育孩子的良机。我们希望，我们在本书中介绍的理念能让你相信，陪伴是你能给予孩子的最好的礼物，因为你能帮助他们开发内在的资源，培养人际交往能力。这些资源和能力会促使他们产生持久的抗逆力，为他们赋能，帮助他们过上充实的、充满情感联结的、有意义的人生。从很多方面来看，学会陪伴孩子能教他们全身心地投入生活本身。还有比这更好的礼物吗？

贴在冰箱上的便条

《陪伴的力量》

丹尼尔·J. 西格尔、蒂娜·佩恩·布莱森　著

与照料者形成安全型依恋的孩子会生活得更幸福、更充实。如果父母能为孩子提供四个"S"，回应孩子的需求，就能形成这样的情感联结：

- -

安全（safe）：在保护孩子的安全，让他们感觉安全这方面，父母有两项主要任务，即保护孩子免受伤害，避免成为恐惧和威胁的来源。

促进安全感的策略：

☞ 首先，不要伤害孩子：下定决心不要成为家里的恐惧之源。

☞ 修复，修复，修复：如果你和孩子的关系产生了裂痕，要尽快重建联结，必要时还要道歉。

☞ 帮助孩子在避风港里感觉舒适：在家里创造一个安全舒适的整体环境。

- -

被看见（seen）：真正看见我们的孩子主要包括三个方面，即①与

他们的内在心理状态产生深刻而有意义的共鸣，②逐渐理解他们的内心世界，③对我们所看见的东西给予及时有效的回应。这三个步骤能帮孩子觉得我们与他"感同身受"。

帮助孩子感到被看见的策略：

☞ 让好奇心引导你深入探索：观察孩子。花些时间去探索并真正理解他们的内心，抛弃先入为主的看法，不要做出草率的判断。

☞ 创造时间与空间来观察和了解孩子：创造机会，让孩子向你展示他们的真实自我。创造对话的空间，深入了解他们的世界，这样你就可以更多地了解他们，发现之前难以得知的细节。

安慰（soothed）：如果孩子的内心感到痛苦，与理解他、关心他的照料者互动能改变这种消极体验。他可能依然会感到痛苦，但至少他不必独自应对痛苦了。在这种父母主导的"互动性安慰"的基础上，他能学会为自己提供"内在安慰"。

促进内在安慰的策略：

☞ 制造保持平静的内在工具箱：在情绪化的情况出现之前，与孩子一起想出一些简单的工具和策略，帮助他平静下来。

☞ 提供 P-E-A-C-E：在孩子难过的时候，给予他们临在、投入、爱意、平静和共情。

保障感（secure）：第四个"S"来自前三个"S"。如果我们能向孩子表明，他们是安全的，有一个人会密切地关注他们、关心他们，而且我们会在他们感到痛苦的时候安慰他们，那么我们就给予了他们一个"安全基地"。这样一来，他们就能学着保护自己的安全，看见自

己的价值，在事情不如意时安慰自己。

建立安全基地的策略：

☞ 为信任关系"投资"：每当孩子需要你，而你陪在他们身边的时候，你们之间的信任关系就会增强。这样一来，你就为你们关系里的"信任基金"存入了一笔钱。

☞ 教授内观技巧：教孩子如何在需要更多保障感的时候陪伴自己。给予他们内观的礼物，这样能帮助他们更好地理解自己和别人的心理。有了内观技能，他们就能让生活充满保障感和意义，无论是作为一个独立的人，还是在与他人的关系中，都能生活得更加充实。

致　谢

　　共同写作是一种乐趣，蒂娜和丹尼尔希望表达对彼此的感激，还要感谢我们的"团队成员"斯科特·布莱森（Scott Bryson）和卡罗琳·韦尔奇（Caroline Welch）。我们四人一共养育了五个子女，这些孩子有的刚刚进入青春期，有的刚刚成年。我们一同集思广益，从为人父母的生活中总结出了许多想法，再加上我们各自的职业热情，这些一同构成了本书的基础。

　　我们也要感谢巴兰坦图书公司／企鹅兰登书屋（Ballantine/Penguin Random House）的玛妮·科克伦（Marnie Cochran）及其团队，也要感谢文字编辑与营销专业人士的完美配合，他们将本书中的理念以尽可能清晰简洁的方式传达给了世界。感谢你们在那些讨论会上的投入，一同为了这本书的诞生而做出的努力！

　　一直以来，我们与 Idea Architects 公司的道格·艾布拉姆斯（Doug Abrams）及其团队的合作都非常愉快。我们从一开始就与他们合作，为这种整合的育儿方法寻找恰当的文学表现形式。这真是一种享受！

　　我们要为我们在内观研究所（Mindsight Institute）、人际联结中心（Center for Connection）以及游戏成长研究所（Play Strong

Institute）的团队喝彩。他们与我们一起做了许多工作，努力为心灵、大脑和人际关系带来积极的影响。非常感谢我们的团队帮助我们在全世界分享有关联结与疗愈的科学。

我们与父母、儿童、教育者以及来自不同领域的心理健康专业人士密切合作，努力将人际神经生物学应用于家庭、教室以及临床咨询场所。虽然我们在许多这样的场合中都担任教师的角色，但我们都在那些富有教育意义的对话中学到了新东西，这让我们深感荣幸。我们从心理治疗师、来访者、教师、父母和孩子的问题与智慧中汲取了许多养分，他们帮助我们不断地敞开心扉，想象新的工作方法，去总结科学知识，应用于实际问题，以便帮助人们不断成长，让人们在个人的生活中，在人际关系中都能感到幸福。我们对各自的父母和大家庭都心怀深深的感激，他们在我们的人生路上一直在抚育我们、鼓励我们。

最后，我们想感谢我们各自的孩子：本、卢克和 JP，以及亚历克斯和马蒂。感谢你们做我们最重要的老师，帮助我们学习如何在生活中发挥陪伴的力量。我们爱你们，也对我们之间的关系心怀感激！

儿童期

《自驱型成长：如何科学有效地培养孩子的自律》

作者：[美] 威廉·斯蒂克斯鲁德 等 译者：叶壮

樊登读书解读，当代父母的科学教养参考书。所有父母都希望自己的孩子能够取得成功，唯有孩子的自主动机，才能使这种愿望成真

《聪明却混乱的孩子：利用"执行技能训练"提升孩子学习力和专注力》

作者：[美] 佩格·道森 等 译者：王正林

聪明却混乱的孩子缺乏一种关键能力——执行技能，它决定了孩子的学习力、专注力和行动力。通过执行技能训练计划，提升孩子的执行技能，不但可以提高他的学习成绩，还能为其青春期和成年期的独立生活打下良好基础。美国学校心理学家协会终身成就奖得主作品，促进孩子关键期大脑发育，造就聪明又专注的孩子

《有条理的孩子更成功：如何让孩子学会整理物品、管理时间和制订计划》

作者：[美] 理查德·加拉格尔 译者：王正林

管好自己的物品和时间，是孩子学业成功的重要影响因素。孩子难以保持整洁有序，并非"懒惰"或"缺乏学生品德"，而是缺乏相应的技能。本书由纽约大学三位儿童临床心理学家共同撰写，主要针对父母，帮助他们成为孩子的培训教练，向孩子传授保持整洁有序的技能

《边游戏，边成长：科学管理，让电子游戏为孩子助力》

作者：叶壮

探索电子游戏可能给孩子带来的成长红利；了解科学实用的电子游戏管理方案；解决因电子游戏引发的亲子冲突；学会选择对孩子有益的优质游戏

《超实用儿童心理学：儿童心理和行为背后的真相》

作者：托德老师

喜马拉雅爆款育儿课程精华，包含儿童语言、认知、个性、情绪、行为、社交六大模块，精益父母、老师的实操手册；3年内改变了300万个家庭对儿童心理学的认知；中南大学临床心理学博士、国内知名儿童心理专家托德老师新作

更多>>> 《正念亲子游戏：让孩子更专注、更聪明、更友善的60个游戏》 作者：[美] 苏珊·凯瑟·葛凌兰 译者：周玥 朱莉
《正念亲子游戏卡》 作者：[美] 苏珊·凯瑟·葛凌兰 等 译者：周玥 朱莉
《女孩养育指南：心理学家给父母的12条建议》 作者：[美] 凯蒂·赫尔利 等 译者：赵菁

原 生 家 庭

《母爱的羁绊》

作者：[美] 卡瑞尔·麦克布莱德 译者：于玲娜

爱来自父母，令人悲哀的是，伤害也往往来自父母，而这爱与伤害，总会被孩子继承下来。

作者找到一个独特的角度来考察母女关系中复杂的心理状态，读来平实、温暖却又发人深省，书中列举了大量女儿们的心声，令人心生同情。在帮助读者重塑健康人生的同时，还会起到激励作用。

《不被父母控制的人生：如何建立边界感，重获情感独立》

作者：[美] 琳赛·吉布森 译者：姜帆

已经成年的你，却有这样"情感不成熟的父母"吗？他们情绪极其不稳定，控制孩子的生活，逃避自己的责任，拒绝和疏远孩子……

本书帮助你突破父母的情感包围圈，建立边界感，重获情感独立。豆瓣8.8分高评经典作品《不成熟的父母》作者琳赛重磅新作。

《被忽视的孩子：如何克服童年的情感忽视》

作者：[美] 乔尼丝·韦布 克里斯蒂娜·穆塞洛 译者：王诗溢 李沁芸

"从小吃穿不愁、衣食无忧，我怎么就被父母给忽视了？"美国亚马逊畅销书，深度解读"童年情感忽视"的开创性作品，陪你走出情感真空，与世界重建联结。

本书运用大量案例、练习和技巧，帮助你在自己的生活中看到童年的缺失和伤痕，了解情绪的价值，陪伴你进行自我重建。

《超越原生家庭（原书第4版）》

作者：[美] 罗纳德·理查森 译者：牛振宇

所以，一切都是童年的错吗？全面深入解析原生家庭的心理学经典，全美热销几十万册，已更新至第4版！

本书的目的是揭示原生家庭内部运作机制，帮助你学会应对原生家庭影响的全新方法，摆脱过去原生家庭遗留的问题，从而让你在新家庭中过得更加幸福快乐，让你的下一代更加健康地生活和成长。

《不成熟的父母》

作者：[美] 琳赛·吉布森 译者：魏宁 况辉

有些父母是生理上的父母，心理上的孩子。不成熟父母问题专家琳赛·吉布森博士提供了丰富的真实案例和实用方法，帮助童年受伤的成年人认清自己生活痛苦的源头，发现自己真实的想法和感受，重建自己的性格、关系和生活；也帮助为人父母者审视自己的教养方法，学做更加成熟的家长，给孩子健康快乐的成长环境。

更多>>>　《拥抱你的内在小孩（珍藏版）》 作者：[美] 罗西·马奇-史密斯
　　　　　《性格的陷阱：如何修补童年形成的性格缺陷》 作者：[美] 杰弗里·E. 杨 珍妮特·S. 克罗斯科
　　　　　《为什么家庭会生病》 作者：陈发展